愛知の産業教育

産業立県の教育モデル

三好信浩
Nobuhiro Miyoshi

風媒社

愛知の産業教育—産業立県の教育モデル◎目次

まえがき―産業教育の地域実態　7

序編　日本の産業教育史概説―産学連携の曲折　11

1　江戸期民衆のなりわい　12
恒産恒心　12／一人前　13／自修自得　14／勤勉倹約　16

2　産業教育論の形成　18
ダイアーのエンジニア教育論　18／ワグネルの工芸教育論　19／手島精一の工業教育論　21
矢野二郎の商業教育論　22／横井時敬の農業教育論　24

3　産業国家の学校教育　26
国家主導の近代学校　26／国家的な学校制度　28／学校教育への二つの期待　30
実業教育の法制　32／中等の産業系学校　34／その代表的事例校　36／高等の産業系学校　38
その代表的事例校　40

4　戦争による曲折　43
東京帝国大学の軍学連携　43／戦時体制下の産業教育の拡大　44
第二次大戦末期の大変革　47／アメリカの占領教育政策　49／戦後における産業教育の復権　51

本編　範例としての愛知県の産学連携　55

1　プロローグ――なぜ愛知県か　56

歴史上の二つの事実　56／現況から見た三つの事実　58

2　伝統産業の継承と近代化　61

尾張と三河　61／基幹産業としての農林業　63／陶磁産業　64／繊維産業　66／商業界の変容　69

3　製造業の勃興と発展　70

機械工業　70／自動車工業　72／航空機産業　73／中京工業地帯の形成　75

4　産業教育の指導者　76

産業教育家の群像　76／市郁芳樹　77／柴田才一郎　80／山崎延吉　83／渡辺龍聖　86

5　戦前期の産業教育　91

出後れの挽回　91／名古屋高等工業学校　94／名古屋高等商業学校　98／市立の商業学校　102

県立の工業学校　106／県立の農業学校　111

6　戦前期の到達点　114

産業教育の地域間格差　114／工業教育　117／農業教育　122／商業教育　126

女子の産業教育　131／他府県と比較した愛知県の産業教育　135

7　戦後における独自色の発揮　140
ジョンソン旋風の影響　140／産業系中等教育の再生　144／名古屋大学の挑戦　150
名古屋工業大学の挑戦　154／新構想の豊橋技術科学大学　157／新企図の豊田工業大学　160
私立大学産業系学部の盛況（名城大学、愛知工業大学、大同大学、中部大学、南山大学、中京大学、名古屋商科大学、愛知学院大学、名古屋学院大学、愛知大学、名古屋経済大学）　164
8　エピローグ――だから愛知県　181
県民の地域愛着度　181／産学連携の教育モデル　183／工商連携の教育モデル　187
本編の主要参考文献　191
あとがき――産業界と教育界の対話を求めて　193
人名索引　202

まえがき──産業教育の地域実態

大阪市立大学に勤務していた著者は、一九七四年に乞われて社会経済史学会のシンポジウム「工業化と教育」の提言者の一人となった。このことが思わぬ機縁となり、それ以降の著者は、産業教育学の研究という、教育学者が余り興味を示さない分野に足を踏み入れた。

この年、広島大学に転じたのちも、比較教育史という手法を用いて、自分なりに道を拓きつつ、四〇年の歳月が流れた。その間、主として風間書房から研究物を刊行し続けて、二〇一二年にはそれらをまとめて産業教育史学研究全一三巻として世に問うた。さいわいこの書には日本産業教育学会から学会賞を与えられた。

この一三巻のほかにも若干冊の著作物をものしているため、それらを集大成し体系化したいと考え、八三歳になった二〇一六年に名古屋大学出版会から『日本の産業教育─歴史からの展望』と題する一書を刊行して貰った。著者が名古屋大学に愛着の念を抱くのは、同学が日本の産業教育学研究の先導役を果たしてきたという実績に加えて、愛知県の産業教育が全国に誇り得る多くのモデルを示しているからである。

東と西のはざまにあって、とかく後れを取っていた愛知県は産業立県として頭角を現した。例えば製造品の製作・輸出額は日本一であり、一人当りの県民所得は東京と大阪に次いで全国第三位となっている。工と商の連携も緊密であり、加えて東京と大阪に見られない農業生産も堅調である。

愛知県が産業立県として成功するに至った要因は多々あるであろうが、中でも産業教育の果たした役割は大きいと考える。後ればせながらも、工・農・商の各分野に中等・高等の教育機関が整備され、県内で働く人材の多くを県内で自家養成している。特に中等の産業教育がバランスよく発達し、その卒業者が地域産業の担い手になっていることは注目される。そこでは、すぐれた産業教育家が指導的役割を果たした。地域からの発想力と主動力が功を奏した好事例と言えよう。

今日の日本では、少子化、高齢化の時代を迎えて、将来の社会構造に向けて、脱工業化、情報社会化、ＩＴ社会化などの提言が飛び交っている。本書は、そのことを念頭に置いた上で、あえて産業社会の人間教育について考えようとするものである。昔も今も、そして将来も、人間の生存と幸福にとって、農・工・商の産業が基幹をなすことに変わりはない。その産業の教育に新しい展望を開き、活況を取り戻すための、脱産業化ではなく新産業化の人間教育論を目ざしている。即戦力や実用性だけでなく、産業教育を基底から問い直してみたいし、その成功的事例として産業立県愛知の地域実態に注目してみる。

本書は、『日本の産業教育』を執筆する間に集めた愛知県の産業教育の資料を集成して、同書の実態編、事例編としてまとめたものである。今日、産業立県を目ざす多くの都道府県や地方自治体の関係者や教育者にいささかなりとも参考になれば有難いことである。

なお、本書は、序編と本編の二編構成となっている。主眼は本編にあるけれども、それを理解して頂く参考になれば、という思いから、序編として日本の産業教育史の概要を記してみた。日本全体の産業教育史の中から愛知県の産業教育の歴史と現状と課題とを明らかにしたいと念ずるからである。

著者しるす

二〇一八年季春

序編

日本の産業教育史概説

―産学連携の曲折―

1　江戸期民衆のなりわい

恒産恒心

日本の近代化は多くの面で西洋に範を取っていたが、それ以前の日本人は独自な産業社会の中で懸命に働き独自な精神文化を築いてきた。それを近代思想に対して伝統思想と呼ぶならば、その中には現代に、さらに後世に引き継ぎたい多くの遺産が残っている。特に江戸期の民衆のなりわいの中には、その種の捨て難い遺産が多い。

伝統思想の形成に大きく寄与したものは大陸伝来の儒教である。日本人はそれを自家薬籠中のものにして、自らの生活の指針にした。産業世界の中でその最たるものは、「恒産恒心」論であろう。『孟子』の中に出る「則無恒産、因無恒心」という言葉で、「則《すなわ》ち恒産無ければ、因《よ》って恒心無し」と読む。管仲の思想をまとめた『管子』の中にもこれに似た言葉が出る。

筑前の儒学者であり博物学者でもあった貝原益軒は、日本最初の農書と称される宮崎安貞の『農業全書』（一六九七年）に寄せた序文の中で、「民の道たるや、恒産無き者は恒心無し。故に衣食足て後礼儀興るべく、教化行はるべし」と記した。当時の民衆の大多数を占め封建体制の支え手であった農民の教化論にこの言葉を使った。ほかにもその例は多い。

興味あることは、近代化へと軌道修正した明治期になっても、その言葉は換骨奪胎されて生き続けた。例えば、一八七五（明治八）年に学農社という農学校を興した津田仙（津田梅子の父）は、それまで二度の西洋視察の経験をもっていて、彼の創刊した『農業雑誌』の中で、「衣食足らずんば礼節を知る能はず。礼節知らずんば真正の富貴を得べからず。二者相関の要を吾は合衆国に於て見る矣」と言い、アメリカでの体験と重ね合わせた。

一人前

恒産恒心論が「上から」の治世の色合いを帯びたのに対して、対象となった民衆は「下から」の処世の方途として「一人前」になることを目ざした。

一人前の条件は時代に応じて変化した。江戸期には、定めはなかったものの、男は大体一五歳ごろ、女は一三歳ごろから、村落社会では若衆宿とか娘宿とかに入り、伝統的な祭礼などの行事に参加するとともに共同体の構成員としての心構えを学んだ、一人前になるためには、まずは親がその指導をし、本人がそのことへの強い願望を抱き、それに向けて本人が努力を重ね、その結果として自身で生活できる力を身につけた。明治期の啓蒙家福沢諭吉はそのことを独立自尊と称し、「自分の口を養い家族の口を養う」ことが一身独立の基礎となり、「一身独立して一国独立す」と道破した。そのために学問をすすめた。

当然、各自は、学問をし、生業の術《わざ》を身につけるため何らかの職業を身につける必要がある。恒産恒心論は恒職恒心論へと変化する。江戸期の民衆にとって恒職を得る最大の手段は家業の継承であった。そのことによって職を転々とするのではなく、一定の職が保障された。特に商家では「家職」の重要性が説かれていたし、明治期になっても、農・工・商という伝来の三業が産業の中核をなしていた時代には、家業出精は重要な美徳であり、親は子に家職の一人前にして家を守ることを期待し、子もまたそれにこたえた。

時代は大幅に下るが、この恒職恒心論が農業や商業の世界から工業の世界へと拡張した事例がある。一九二九（昭和四）年に今日の武蔵工業大学の前身校である武蔵高等工科学校が文部省に出した設置申請書の中の文言である。「恒産ナキモノハ恒心ナシト曰《い》フガ、恒業ナキモノ亦恒心ヲ持チ得ナイ。而シテ恒業ハ何時デモ工業的技術ヲ有スル人々ノ排他的優越デアル」。

江戸期には、サムライを対象にした藩校というような文武の教育機関はあったが、農工商の民衆には寺子屋はあっても、それを越えて一人前になるための学校はなかった。しかし、その農工商の業種を問わず、一人前になるためには身につけておくべき「こころ」と「わざ」があり、それは当人が自修自得するしかなかった。

百姓は、親から、あるいは老農と呼ばれる篤農家から農業のわざを教えて貰った。村方三役などリーダー格の農民に向けては、近世農書と称される多数の書物が出されたが、その中には「農業自得」とか「農事遺書」とか題するものが含まれていた。

職人の手工業技術は、もっと高度で多様であったため、親から引き継ぐ場合は別にして、多くは達人の親方に年季奉公の弟子入りをして、下働きをしながら技術を学びとった。

商人は、浮沈のはげしい職種であったため、町人文学の大御所井原西鶴の『日本永代蔵』の中に出る、「商売に由断なく、弁舌手だれ、知恵、才覚、算用たけて、わる銀《がね》つかまず」という、総合的な知恵才覚が求められた。大店《おおだな》では家訓や店則を定め、丁稚《でっち》、手代、番頭といった修業の段階を定着させた。採用された子どもは、暇を見て『商売往来』などで読み書きの学習をし、さらに帳簿の技術を身につけた。例えば、近江商人中井家では複雑な帳合《ちょうあい》の法を案出し、手代の段階で習得することが慣行とされた。

江戸期の民衆は、自己のなりわいを立てることを目ざして、さまざまな方法で自学自修をすることによって「一人前」になった。近代になって学校が誕生し、盛況を見せるようになると状況は大きく変化した。学校に行けば、学理や技術を教えて貰えるようになるからである。

勤勉倹約

為政者は、一揆的手法で権力に反抗することを防ぐためにも、民衆に勤勉に働いて倹約につとめることを奨励した。民衆もまたそのことによって最低限の生活の安定を得ることができた。経済学者の速水融《あきら》は、江戸期の日本では西洋の産業革命とちがって勤勉革命が生じたという説を唱えた。

勤労の美徳は特に農民に対して奨励された。「朝霧を払うて出、夕に星を戴て帰る」のが良農とされた。太閤検地に従わされる小農の場合は、集約農法に徹して生産高を増すためには勤勉に働くしかなかった。相模国の貧農から身を起こして報徳仕法を編み出し、農村復興と農民教化に功績のあった二宮尊徳（金次郎）は、至誠、勤労、分度、推譲の四徳目を提唱した。自分の力の及ぶ範囲を区画して、勤労を尽くして最高水準の収穫物を得て、それを自己と他者に推譲することを含意する。

商人の世界は、田畑や家禄を基盤とする農民や武士の生活とちがって、絶えず家没落の危機に直面していた。丹波国に生まれ京都の商家に奉公した石田梅岩は、商人の生き方について思索を重ね、『都鄙問答』や『倹約斉家論』を著して、商人は先方も立ち自分も立つため正路、正直の商いをもって利益を得ることは天下公認の禄であるとした。そのためには、人間の生まれながらの正直に徹することが真の倹約になると主張した。

この勤倹の思想は近代にも引き継がれ、例えば学校貯金論のように学校の中にまで入り込んだ。農商務省の官僚の訳出した『独逸貯金論』（一八八四年）には、「一人の貧富は則ち一国の盛衰に繫《か》かる所なり。而して貧困は濫慢より生じ、豊富は勤倹に基づく」というような文言がある。あるいは薪を背負って読書する幼少の金次郎像は全国の小学校に建立された。

西洋の技術移転によって成長した近代産業の底辺には、在来産業の中で身につけた勤倹思想をもつ日本人労働者の厚い層が存在し、日本の産業革命の一大成功要因となったことを賞賛する外国人は多い。

以上は、江戸期民衆のなりわいの中に現れた種々の産業精神を列挙した。その中には近代に継承されたものもあれば、現代に生かしたいものもある。たとえ明治維新があろうとも、戦争に敗れようとも、日本人が日本人であることに変わりはないからである。

恒産恒心、恒業恒心、一人前、家業出精、自修自得、勤勉倹約などの中には、日本人の精神特性として、現代においても捨て難いものが含まれている。とりわけ現代において再評価したいものの一つに、一人前の精神がある。学校教育が普及した今日、法律上の成人に達した若者たちの多くはまだ学校に在籍していて、一人前の自覚に乏しい。時には荒れた成人式というような悲しいニュースも耳にする。近現代の学校教育は、若者を一人前にするために何をなしてきたか、また何をなすべきかは、日本の産業教育の根幹をなす課題である。本書で追究してみたい。

2　産業教育論の形成 ―学理と実地の関係

ダイアーのエンジニア教育論

幕末期に西洋の外圧が強まる中で、西洋式の軍事技術を教える学校を創ることを構想した先覚者がいた。盛岡藩の大島高任とか箱館奉行所の武田斐《あや》三郎などはその代表格である。あるいは、幕府と提携して横須賀製鉄所を設けたヴェルニーは、自身の出身校でありフランスで実績を誇るエコール・ポリテクニックに似た学校創設を計画した。

しかし、明治初期に、本格的な理論をもって実践に成功した人物と言えば、ダイアー（H.Dyer）に指を差すべきであろう。グラスゴー大学のランキン教授の愛弟子で、二四歳の若さで来日し、長州ファイブの一人でグラスゴーに由縁のある山尾庸三の需《もと》めに応じて学校計画書を提出した。実地の修業を重視するイギリス人の教育観をもとにしつつ、大陸諸国で盛況を見せつつあった学校システムを取り込んで「実験的」で独創的な工学寮（工部大学校）を創りあげた。

ダイアーは、九年間学校創置の大役を果たして帰国したが、それに先立ち工部大学校第一回卒業生に対してなした二つの演説で彼の教育観を披瀝した。その一は、「専門職業教育論」であって、六年間の修学期間中に工学の学理と実地を組み合わせた教育をなしたことの意図を説き、その二は、「非専門職業教育論」であって、余暇を利用してなすべき教養教育の重要さを訴えた。そこでは、イギリス人固有の人格形成の意義を説いて、卒業後の生涯の課題にした。

工部大学校は、学費不要の官立校であったため、将来の立身を夢みるサムライ青年が多く入学してきたが、ダイアーは、「エンジニアこそ革命家である」という檄をとばしてサムライエンジニアを送り出した。そこから著名な卒業生が数多く巣立っていった中には、ダイアーの思想を継承する教育家も含まれていた。その代表的な人物としては、グラスゴー大学留学後母校の教授となり、在職中文部省実業学務局長を兼務して産業教育行政の舵取りをしたあと、九州帝国大学の初代工科大学長、第二代総長となった真野文二と、真野の一年後輩で熊本高等工業学校長となり、真野の後任として九州帝国大学第二代工科大学長となった中原淳蔵とがいる。

ワグネルの工芸教育論

日本の産業教育の近代化に貢献したお雇い教師としてダイアーと並び称せられるべきはドイ

ツ人ワグネル（G.Wagener）である。ゲッチンゲン大学で学位を取得した学究であるが、諸種の理由があって、明治維新の年に長崎に来着した。たまたま有田の陶芸の指導をしたことが機縁となって、佐賀藩出身官僚に呼ばれ新政府のヘルパーとして活躍した。特に佐野常民を支えてウィーン万国博（一八七三年）の出品業務を取り仕切ったことは重要である。その後、京都府知事槇村正直に求められて理化学を教授するとともに七宝その他の伝統工芸の改良を指導したり、東京大学で製造化学の、東京職工学校で窯業学の教師をつとめたりして、一八九二（明治二五）年に東京で病没した。

ワグネルは、陶磁器などの日本の伝統的工芸品を機械化、量産化、低廉化して輸出品として世界に売り出すことを支援した。ダイアーのような国営工業に役立つような工学の学校ではなくして、「民間ニアリテ事ヲ経営スルモノヲ鼓舞シ、独立独行ノ気概ヲ提撕《ていせい》スル」「諸科工匠ヲ教授スル普通百工学校」の設置を提唱した。

ワグネルにも、その教育思想を継承する門下生がいた。代表的人物の一人は、佐賀藩出身の納《のう》富《とみ》介次郎であって、ウィーン万国博で相識る仲となり、ワグネルの紹介で万博終了後窯業の修行をする機会を得た。帰国後、金沢、高岡、高松、有田の工芸系学校の創設に携わり、日本の工芸教育の開拓者となった。もう一人は、ワグネルが一時期東京大学に在職中交流のあった中沢岩太であって、越前福井藩に生まれて東京大学理学部を卒業後母校の助教授のとき、ワグネルの思想に共感して、その後ワグネルの助言でベルリン大学に留学した。一九〇二（明治三五）年に京都高等工芸学校の初代校長に就任し、工芸と産業を結び合わせるための科学の接ぎ木に功績を残した。

手島精一の工業教育論

ダイアーのエンジニア教育論とワグネルの工芸教育論を取り込みながら、日本において工業教育という思想を作り上げ、卓抜した実践に成功した、日本の工業教育の最高指導者は手島精一である。

沼津藩に生まれ、明治初年、養父の秩禄を抵当に入れてアメリカに私費留学中、岩倉使節団に見出されて通訳をつとめた。一旦帰国したのち、フィラデルフィア万国博（一八七六年）を担当したのを機に「万国博男」の異名をとるほど各種の万国博に関係し、生涯に一〇回もの洋行体験をもつ世界通の人材となった。彼は世界の状勢を冷静な目で見て、複眼的な視座から選択した。はじめはフランスの技芸学校に着目し、人格や品性を重視するイギリスの教育に敬意を表し、自由競争の盛んなアメリカの追い上げを評価し、新興工業国として躍進するドイツを賛美した。

一八九〇（明治二三）年に東京職工学校長に就任し、同校が東京高等工業学校に昇格した後の一九一六（大正五）年までの二七年間校長をつとめた。彼の工業教育論は、「工場ノ全体ヲ指揮監督スル所ノ技師、又一部分ヲ指揮監督スル所ノ技手又ハ職工長、並ニ直接製造ニ従事スル職工」を総称する「技術家」を視野に入れていた。彼は、「蔵前ノ高等工業」を「日本工業軍ノ本営」と称し、本営中の本陣である高等工業学校の外陣に工業教員養成所、職工徒弟学校、工業補習学校を配置し、それぞれの学校の意義や役割について論説を発表した。その数はゆうに三五〇件を超える。

蔵前からは、手島の薫陶を受けた多数の工業教育家が輩出された。手島の退官時には、全国三五校の中等工業学校長は、三名を除いて蔵前の出身者であった。これらの工業学校では歴代の校長が蔵前出身者によって継承される例も多く見られた。あるいは各地の工業学校の創立や経営のために蔵前モデルの移植屋、運び屋の役割を果たす「渡り校長」も多数いた。名古屋の中等・高等の工業教育の創始に寄与した柴田才一郎は手島の薫陶と抜擢を受けた人物である。

矢野二郎の商業教育論

幕臣の家に生まれ、幕末期から英学を修めて幕府遣欧使節団に加えられ洋行体験を有していた矢野二郎は、横浜で外国貿易に従事していたとき外務省に雇われアメリカの日本公使館に勤務していたころ、森有礼と富田鉄之助と相識ることになった。森と富田は一時帰国した際、当時南北戦争が終わりアメリカで盛況を見せていたビジネススクールを日本に導入しようと計画したが新政府に容れられなかった。やむなく二人は一八七五（明治八）年に森の私設という形で、すでにアメリカで約束を交わしていたホイットニーを雇って商法講習所を開設した。程なく森は清国公使として国を離れたため、宙に浮いた講習所の経費を任されたのが矢野二郎である。

商法講習所は、東京会議所、東京府、農商務省、文部省へと管理者が変転したが、商業教育の重要性を認識していた矢野は、横浜時代に貯えた私費を投じて同所を守り続けて、東京高等商業学校から東京商科大学へと発展する日本商業教育の最高学府の基礎づくりに寄与した。途中の一時中断はあったが、一六年間にわたり校長をつとめた。

矢野は、各種の建議書や報告書で、格調高い筆致で商業教育の理論を提示した。通商交易による国家の殷富を謀るには、西洋に範を取って商業の「法」に通暁する必要があり、そのための学校の役割は大であるとした。当初はホイットニーを教師にして商法についての実践的教育を行うことの意義を認めた。アメリカのビジネススクールにならって模擬商業実践を導入し、初期の学則では、修業年限三学年を六期に分け、最初の三期は講理、次の四・五期は講理と実践、最後の六期は専ら実践にあてて、活社会に活動する人物の養成を目ざした。工部大学校の六年間の修学年限に比べれば、半分しかなかったものの、学理と実践の結合という方針は共通していた。

この実践重視の教育は、その後文部省の設けた高等商業学校において、ベルギーのアントワープ高等商業学校からスタッペン、ついでブロックホイスが雇われて学理の方向に軌道修正を余儀なくされ、学内では矢野の教育を「前垂派」と称して批判の声が高まり一八九三（明治二六）年に矢野は辞職に追い込まれた。

しかし、矢野の教育経営は、渋沢栄一や義弟の益田孝らの支援も厚く、後述する名古屋の市邨芳樹のごときは、第二の矢野をもって自他ともに認められた。現在地の国立《くにたち》に移転した東京商科大学（現一橋大学）の正門右手には矢野の巨大な立像が建てられ、題辞は渋沢栄一が揮毫している。日本の商業教育の創業者としての矢野の地位は揺ぎない。

横井時敬の農業教育論

駒場農学校を卒業し、母校の教授となった農学博士であり、農学者、農政家、農業教育家として八面六臂の活躍をした人物である。著者の調べた限りでも八八件の著書と六六四件の論説を発表し、その中には農業教育論も含まれる。

熊本藩に生まれ、駒場を出たあと福岡県農学校の教頭となっていたとき、地元で勢威のあった老農林遠理に対抗して学理を応用した種作改良の塩水選種法を発明した。彼は、老農と良農を区別し、老農は「実地ニ老練ナルモノ」を言うのに対して、良農は「身ヲ立テ家ヲ興シ広益ヲ世ニ為ス所ノ農民」を言い、この者には教育が必要だとした。その教育は、学校において科学と実地を指導すべきであるとして農業教育の意義を認めた。彼は、母校の帝国大学農科大学教授のころ、その農業教育研究のためにドイツに留学している。

農科大学では、学内に付設された農業教員養成所の経営責任を負い、同郷の後輩沢村真の協力を得て農業科教授法の研究開発をした。横井はまた榎本武揚によって設けられた私立の農学校の経営もまかされることになり、一九一一（明治四四）年に同校を東京農業大学（当時は専門学校程度）に昇格させ、日本唯一の私立農業大学の学長をつとめて、その方面にも実績を残した。

横井の農業教育論は多岐にわたる。最大の特色は、国家農本主義の思想が底流にあることである。農業は、商工業とちがって、国家の「土台」であり「大黒柱」であり「干城《かんじょう》」であると言う。その理由は二つある。その一は国民の食糧の確保であり、その二は兵士の供給である。ボーア戦争で苦戦したイギリスは農業を軽視して食糧の自給率が六分の一程度に落ち、かつ兵士の士気が弱かったためであると解釈した。

土地の狭い日本の農業は、あくまでもコメ作りを基本にした集約農業であるべきで、大農式農法にはなじまない。例えば、その可能性は薄いにせよもし田植機械が発明されたとしてもそれを使う必要はないし、温室栽培は無駄であるし、化学肥料ではなく有機肥料で十分であると主張した。今日から見れば時代に逆行しているけれども、日本の農業を守るという一念では一貫していた。

農村の指導者としては、武士道の後継者を以て任ずべき中産地主に期待をかけた。選挙活動などで動き回る輩を「羽織ゴロ」とののしり、自ら鋤鍬をもって働き地方の紳士として活動する人材を育てることを以て、彼の東京農業大学の目的にした。自力で生活し、国家社会に奉仕する人間の育成こそが農業教育の最終目標であるとして、実業学校ではなく中学校や高等女学校に進学し、ハイカラ熱、都会熱、出世熱に浮かされている世情を厳しく批判した。

その農業教育の成否は、農業学校の教員の意識と力量にかかっていると考えた横井は、教員養成にも力を注いだ。農村では、実用的・基礎的教育と併せて経済的観念と愛国心を育てる道徳教育を行うことのできる、使命感をもった教員が必要であると考えた。駒場農科大学およびその実科、大学附属の農業教員養成所、東京農業大学と、彼の関係する教育機関からは多数の農業教員が送り出された。戦前期の日本の農業教育が国家主義に傾斜したことの一因は、トップリーダーとしての横井の思想と、彼が育てて全国の農業教育を担った教員たちにあることは確かである。愛知県の安城で有名となる山崎延吉もその一人である。

3　産業国家の学校教育——学校の果たした役割

国家主導の殖産興業政策

西洋諸国では市民革命の結果として近代国家が誕生したが、日本ではそれまでの支配階級であったサムライが中心になって明治新政府が生まれた。尊皇派の思想的リーダーであった吉田松陰が「天下は天朝の天下」と称して日本のナショナリズムを方向づけたのにこたえて、維新の志士たちは新政府の官僚となって新しい国づくりを始めた。

欧米列強の特定国による植民地支配を免れることのできた明治新政府は、列強に対峙するために富国強兵政策を進めた。その際、富国と強兵とには先後の順序をつけ、まずは富国のための殖産興業政策を優先させた。財政の基盤なくして強兵は実現しないからである。

富国を進めるために開明思想として持ち出されたのは、中国の『書経』に端を発する「利用厚生」という意外にも古くからある論理であって、開明派官僚はこの言葉を多用して政策を進めた。二例だけ挙げてみると、その一は、旧幕臣から転じて一時期大蔵官僚の職にあった渋沢栄一は、一八七〇（明治三）年の上申書の中で「邦国ヲ経緯スル基本ハ衆庶ヲ富饒《ふじょう》ナラシムルニ在リ。衆庶ヲ富饒ナラシムルハ利用厚生ノ方ヲ謀《はか》ルニ在レバナリ」と記した。その二は、その翌年に工部省の官僚山尾庸三の記した上申書であって、「自古国家ノ文明盛大ヲ成サント欲スル者、皆ナ其上下ヲシテ知識ヲ備ヘ、厚生利用ノ途ニ出シムルヲ要セザルナシ」と記した。

新政府の官僚が富国策を進めるに際しては、工業を優先するか、民業である農業を主体にするかについては意見が分かれた。工部省を動かした長州ファイブの進めた工業化政策と内務省を動かした薩摩藩出身官僚の殖産政策のちがいである。しかし、いずれも国家が主導するという点では一致していた。佐賀藩から出て大蔵官僚の職にあった大隈重信は、「一国凡百ノ事業素ヨリ常ニ政府ノ保護監督ヲ要セザレバ則チ不可ナルハ舍《すて》テ論ゼズ。国家人民ノ度位猶ホ未《いまだ》シキニ及ンデハ」と述べている。

国家的な学校制度

西洋をモデルにして国家富強を進めるためには、西洋式の学校を設けてその基礎を固める必要があると気づいたのは、新政府官僚の卓見であった。その学校は大きく見て二つの方向で整備された。一つは、人民の教育であって、明治維新の功労者木戸孝允は、「国家之富強は人民之富強にして、一般人民無識貧弱之境を不能離《はなれあたわざる》ときは、王政維新之美名も到底属空名」と述べ、文部省の創設に力を貸した。

木戸の支援で一八七一（明治四）年に創置された文部省は、厚く小学校の普及につとめた。その方針を受けて地方の藩や府県では学事奨励の布達を出し、最近の調査ではその数は五〇〇件に達するという。余りの急激な施策に民衆の反発も出たけれども、国民皆学の政策は着実に進行し、明治末年には義務教育就学率は九〇%を超え、世界を驚かせた。

学校のもう一つの使命は、西洋の最先端の科学や技術を身につけて日本の近代化の推進役を果たす人材の育成であったが、この点でも新政府は早くから対処した。文部省は幕府時代の教育機関を引き継ぎ再編しつつ一八七七（明治一〇）年に東京大学とした。

産業系の学校の設置はそれを必要とする主務省管理のもとで進められた。その先駆は国営工業を所轄する工部省が一八七三（明治六）年に設けた工学寮（工部大学校）であって、イギリス人教師陣によって世界トップクラスのエンジニア教育が成功を収めた。農業分野の教育は、北海道開拓使と内務省が担当し、一八七六（明治九）年に札幌農学校、その翌年に駒場農学校が正式にその名で開校した。前者にはアメリカ人教師、後者にははじめイギリス人、のちドイツ人教師が雇われた。

一八八一（明治一四）年に農商務省が設けられると、文部省との間で学校管理をめぐる権限争いが展開し、産業系学校は一時期農商務省の管轄下に置かれた。一八八二（明治一五）年には同省所轄の東京山林学校が設けられ、一八八四（明治一七）年には商法講習所を東京商業学校と改称して直轄し、さらに一八八六（明治一九）年には駒場農学校を管下に収めた。

しかし、一八八五（明治一八）年に伊藤博文の率いる内閣が誕生すると、伊藤に見出されていた森有礼が初代文部大臣に就任し、学政一元化の政策を推進した。翌年の「帝国大学令」はその重要な転機であって、工部大学校は工科大学となり、それより四年後には、東京山林学校と合併して農商務省直轄の東京農林学校となっていた駒場農学校も農科大学となった。東京商業学校も札幌農学校も文部省の官立学校となり、産業系高等教育機関は水産や海運などを除いてすべて国家的教育体制の中に一元化された。

学校教育への二つの期待

明治維新後、西洋方式の学校教育を採用したとき、産業系の学校をその中に含めたことは世界にも珍しいことであった。一八七二（明治五）年の初の近代教育法である「学制」には、中学校の一種として農業、工業、商業の学校が、その翌年の「学制二編」ではそれに諸芸と鉱山の学校を加えた五校が専門学校とされた。注目すべきは、一八八六（明治一九）年創置の帝国大学には工科と農科が含み入れられたことであって、神学、法学、医学、哲学から成る西洋の伝統的大学では考えにくいことで、明治政府の快挙と言える。

国家も国民も学校へ期待を寄せた理由は多々あるが、特に次の二点は重要である。

第一の期待は、学校では、学理と実地を結合した教育がなされるということである。これを実証したのは、工部大学校であって、その創業者ダイアーの教育思想が背後にあった。ダイアーはグラスゴー大学に入学する前の徒弟奉公中に夜学のアンダーソンズ・カレッジ（現ストラスクライド大学）に学んだが、そのカレッジの紋章《アーム》は「頭と手（メンテ・エト・マヌー）」が天秤《てんびん》で均衡を保つ図柄となっている。ダイアーは工部大学校でそのアームそのままの教育をした。

日本の工業教育の最高指導者となった手島精一も現業練習の重要性を説いた。「本校の教育は皆実地の活用を期するに在れば、学理と実際とを問はず皆根本より了解するに非れば教育の効果あることなし」と言い、「工業者に最大の要件たる手と頭とを練習せしむる」ことを、彼の東京高等工業学校の教育目標とし、工場実修を重視した。

農業教育でも現業の修練を重視したが、それよりもさらに商業教育では、「幽玄の理想に憧憬する学者にあらずして活社会に活動する人物」を育てることに力を入れた。東京商法講習所では、アメリカのケース・メソードにならって模擬商業実践を採り入れた。

第二の期待は、学校では産業と道徳の結合がなされるということである。文部大臣の牧野伸顕は、一九〇六（明治三九）年の全国実業学校長会議で、「生徒品性の陶冶、徳器の養成は実業教育にとりて極めて切要なることなり」と説いた。これより先、手島精一は東京高等工業学校の学科目に倫理を取り入れた際の説明に、「技術者トシテ多数工人ノ上ニ立テ之ヲ指導スルニ於テ、其言行ハ他ノ好模範タラザルベカラズ。故ニ在学中徳器及品性ノ修養ニ力ヲ効《いた》サントスルニ在リ」と記している。

道徳の重要性を特に強調したのは、商業分野の渋沢栄一である。一旦、大隈重信にすすめられて大蔵官僚となるが、すぐに官を辞し、自称「商売人」の道を選び、生涯産業世界で活躍するとともに、商業教育のパトロンとして、特に東京高等商業学校の苦難の時代を支えた人物である。

商業世界における道徳問題について彼は多くの語録を残した。例えば、「商売人の心掛は、能く信用を厚うし志操を極く堅実にし、且つ高遠の気性を以て学問を進め、公利と私利とを弁別するやうにと望むならば、どうしても此の徳義を重んずると云ふ心をば養成する」ことが肝要だと言う。

渋沢の後援で、東京高商は商科大学にまで昇格し、その初代学長となった佐野善作は、洋の東西を問わず商業教育の歴史は、啓蒙運動、整備運動、倫理化運動の三つの運動をもってその内容とするが、渋沢はそのいずれにも関与した中で、特に倫理化運動に果たした功績は著大である、と最大の賛辞を贈った。

実業教育の法制

西洋の古い歴史ある国では、上層・中層階級の進むエリート校と、中層・下層階級の進む職業学校との間には壁があって、いわゆる複線型・二元型の学校体系となっていた。日本の学校は歴史が浅いだけに、それほど極端ではないものの、時代が進むにつれて二つの体系への分化が始まった。明治の初年には同じ地平で起ち上がった日本の学校教育にこの二極化を決定づけたのは、名に負うドイツ系官僚井上毅であった。

井上は、維新後フランスに留学し、当時の世界で最も整備されたフランス法制について学び、帰国後は司法省の官僚として帝国憲法や教育勅語の起草に従事した。一八九三（明治二六）年に第二次伊藤内閣の文部大臣となるや、一年半という短期間の在職中、実業教育に関する法制を整備した。井上のもとで文部省参事官をつとめていた寺田勇吉が欧米視察の折に得たドイツの実業教育の情報を井上に伝えたところ、井上は大いに感銘し、ドイツのように実業教育を振興すべきだと語ったという実話が残っている。井上は、軍隊になぞらえて、将官を作る学校、下士官伍長を作る学校、兵卒を作る学校という三層の学校システムを構想し、それを国家の支配下に置いた。

井上の遺志を引き継いだ文部省は、一八九九（明治三二）年に「実業学校令」を定め、農・工・商の産業に従事する者の学校を実業学校と総称して、中学校や高等女学校から切り離した。さらに一九〇三（明治三六）年に「専門学校令」を公布するに際して、その「実業学校令」を改正して、高等の実業学校を実業専門学校と称することにした。

これにより、実業系学校は、中学校・高等学校・帝国大学と連続する「正系」の学校体系に対して「傍系」的な位置づけがなされた。

しかし、ここに注目しておくべきことは、傍系的とされた日本の実業学校は、世界でも特筆されるべき教育実績を収めたことである。正系と傍系の二系統の壁は西洋のように厚いものではなく、諸種の風穴があけられていた。具体的には、実業学校から上級学校への進学希望者には便宜がはかられていた。例えば、実業専門学校では、中学校卒業者以外にも実業学校からの進学の途を開いていたし、一九一八（大正七）年の「大学令」では、産業系の単科大学や産業系の学部や学科をもつ私立大学が、大学として認められ、実業専門学校からの入学も容易になった。

第二次大戦後に、統一学校の機運が高まる風潮の中で、戦前の実業系学校は批判の的にさらされた。正系とされた学校を支持する意見のもとに、不平等・不均衡の烙印を押され、蔑視されたのである。しかし、以下に例証するように、実業系学校の当事者は、諸種の工夫をした教育経営をして、国家や国民の要望にこたえてきた、という実績を有している。

中等の産業系学校

実業学校の中核をなすのは、工・農・商の産業系学校である。ドイツに範を求めた実業補習学校は、井上毅文相が期待したほどの成果を挙げることはできなかったが、工・農・商の中等学校は着実にその数を増やし、その内容を充実させて、日本の産業を支える中堅技術者を育てた。

文部省は、一九一七（大正六）年から毎年『実業学校一覧』を刊行して、工業学校、農業学校、商業学校、水産学校、職業学校に五分類し学校名を記している。そこでこの一覧を集計して、一九一七年、一九二七年、一九四二年、敗戦時の一九四五年の学校数を図示すれば、図1のとおりである。ただし、文部省の一覧は、一九四二（昭和一七）年で終わっているので、敗戦時の状況は不明である。さいわい、現在国立公文書館には、その間の学校設置や学則改正などに関するぼ

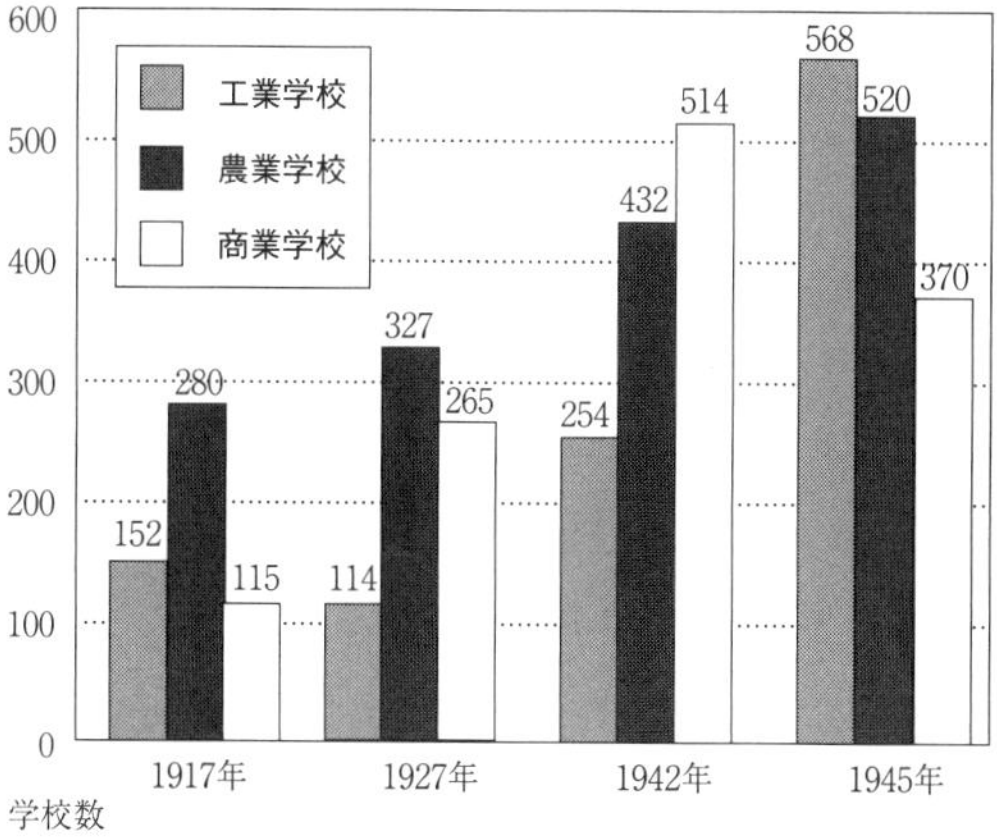

図１　中等産業教育機関の年度別推移

う大な量の簿書が保管されているので、著者はそれを調査して一九四五年の学校数を算出してみたが、この数字は公式のものではない。この敗戦直前の激変については後述する。

なお、図1では、文部省の一覧に従って、工業学校の中に徒弟学校を、農業学校の中に蚕業学校、山林学校、獣医学校、水産学校を含み入れた。裁縫、編物、刺繍などの職業学校と商船学校は産業系学校とはいささか性格を異にするので除外した。このうち徒弟学校は一九二〇（大正九）年に廃止され、その一部は工業学校（乙種）とされ、大多数は職業学校とされたので、それまで工業学校の中に含まれていた徒弟学校の消滅に伴って工業学校数は減少した。

全体的に見れば、明治期の日本はまだ農業国であったため農業学校数が第一位であり、昭和初期に入っても相対的には減少するものの第一位に変わりはない。これに対して急速に伸びたのは商業学校であり、第一次大戦後に金融や販売などの商業活動が活況を見せはじめたことと女子へ開放したことなどが要因となっている。工業学校は徒弟学校が廃止されたため、一時はその数を減らしたが、本来の工業学校数は増加し、特に戦時体制下に入ると急増した。昭和初期から一九四二年ごろまでには、中等の産業系学校は三業ともバランスよく発達したと言えよう。

その代表的事例校

これらの産業系中等学校は、中学校や高等女学校に比べると法規上も多様性が許容されていたため、特色ある学校が多い。紙幅の関係上三分野から一校ずつ、代表的と思われる学校の教育実践を紹介してみる。

工業学校では、石川県立工業学校を挙げたい。一八八七（明治二〇）年の創立で、日本で最初に工業学校を名乗った名門校である。創立者は、日本工芸教育のパイオニア納富介次郎であって、納富がこの後に高岡、高松、有田に開校する工芸系学校の先駆である。歴史的に伝統的工芸技術の実績を誇る金沢の地で、時勢の変化に対応して改良を企図する学校であって、「学理実業兼備ノ工芸家タランモノヲ育成」するため、「技芸ト之レニ必要ナル学科トヲ兼ネ授クル」ことを目的とした。

当初は専門画学部、美術工芸部、普通工芸部の三部編成にし、女子の入学も認めた。納富が去ったあとの学則改正では、絵画、陶磁、漆工、染織、金工の五科に分け、共学をやめて男子校にした。その後、蔵前の工業教育にならって、機織や応用化学など工業系学科も取り込んで、工芸色の強い総合工業学校となった。

農業学校としては、長野県木曽山林学校に注目したい。農業県長野は、農業教育でも全国で群を抜く盛況を見せた。学校数も圧倒的に多いが、その中には、一八九二（明治二五）年創立の小県蚕業学校は蚕業に、一八九五（明治二八）年創立の上伊那農業学校は一般農業に、そして一九〇〇（明治三三）年創立の木曽山林学校は林業に、それぞれの特色を発揮した。

日本の山林教育は、ドイツのエーベルスワルデ高等山林学校に学んだ松野礀《はざま》が一八八二（明治一五）年に創立した東京山林学校に端を発し、それが帝国大学農科大学林学科の母体となった。ドイツでは山林学は官房学の一部として重視されていたが、それが日本に導入されたのである。

木曽山林学校は、その帝大林学科を卒業した松田力熊が校長となり、創業に寄与した。彼は、「林学は純粋科学の応用術」であり、「林学は観察の学問」であるとして、学校では専門学科の学力を身につけさせるために普通学科を重視すべきこと、学理は実地に近づけるために実習を重んじること、観察力を養うために修学旅行を大切にすべきことなどを教育方針にした。その教育水準の高さが評価されるようになると、県立の同校には全国から入学生が集まってきた。

商業学校にも特色校は多いが、岡山県商業学校の初代校長小田堅立《けんりゅう》の学校経営に注目してみよう。岡山県は商業教育の先進県であって、明治一〇年代のはじめに慶應義塾の支援を受けて商法講習所が設けられたが、県内の政争のあおりを受けて廃止された。ようやく一八九八（明治三一）年に県立高が再置された。

小田校長は、同志社を卒業後オハイオ州オベリン大学に留学した異色の経歴の人物で、「商業に国境なし」をモットーにした学校経営をした。実用的な外国語教育に力を入れ、卒業生をアメリカに送り出した。中学校に対抗して生徒に自信と誇りを持たせるために、服地は木綿でも海軍にならったハイカラな制服を定め、上級生には頭髪を伸ばしチックをつけ七・三に分けることを許した。洋楽器を購入して市中行進をさせたり、校内の中庭に花壇を設けて職員生徒合同の茶話会を催したり、校長自らはロバに乗って出勤したりした。卒業生の生徒代表の答辞は、日・英・中の三か国語でなされ、出席者を驚かせた。

高等の産業系学校

国家の主務省管理のもとで専門的な産業教育機関が設けられ、やがて文部省による一元的管理下に置かれたことについては前述した。その産業系高等教育は、大学と実業専門学校の二方面から推進された。大学が帝国大学に限られていた時期には、実業専門学校の果たした役割が大きかったけれども、一九一八（大正七）年の「大学令」によって、産業系の単科大学や産業系の学部・学科を含む公私立大学が仲間入りすると、大学の果たす役割も大きくなった。特に私立大学

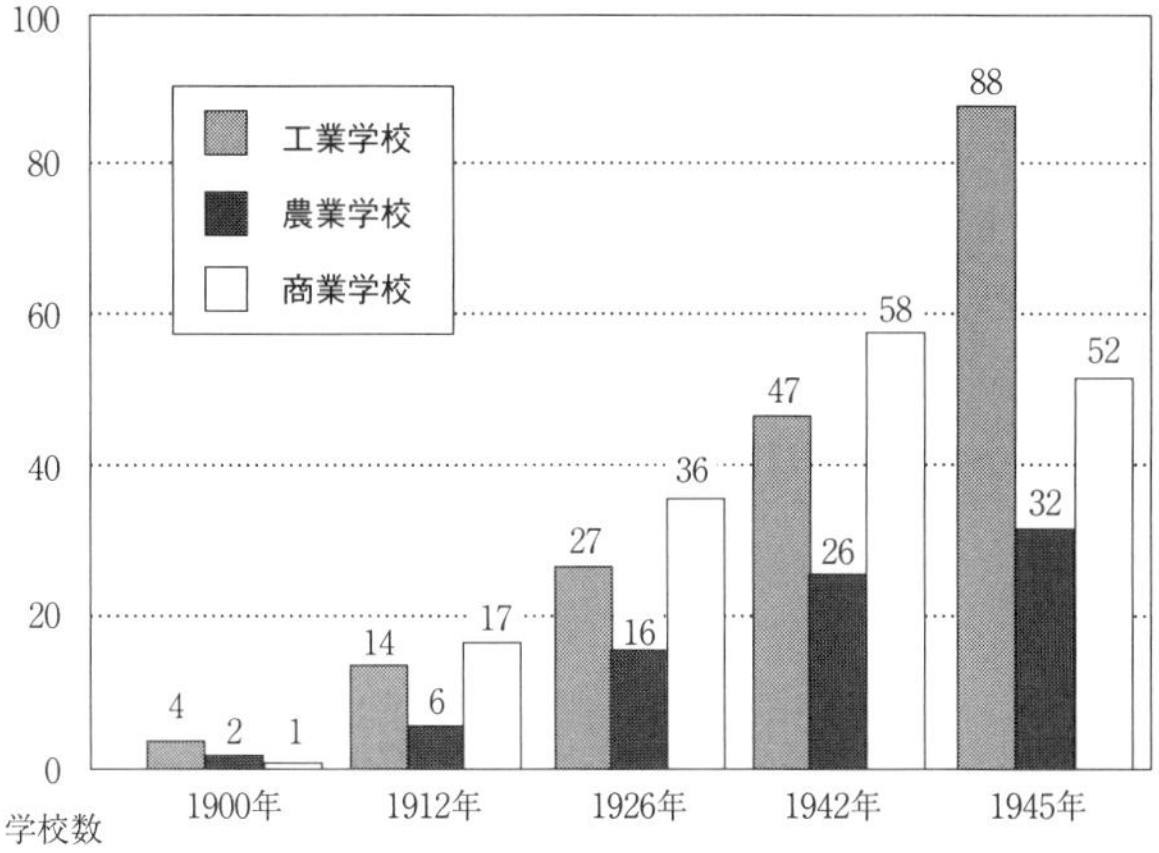

図２　高等産業教育機関の年度別推移

には、それ以前から学部のほかに専門学校水準の専門部が附設されていたため高等産業教育機関の拡張に大きく寄与した。それらを含めて、戦前期の高等産業教育機関の学校数の推移を一覧にしてみると図２のとおりである。

全体として見れば、中等段階の学校とちがって、工業学校数が多く、農業学校数を上回っていることが注目される。また時代的に見れば、第一次世界大戦のもたらした好景気に影響されて大正期に大拡張が見られた。大正末年には明治末年に比べて二倍以上の増加を示した。

昭和期に入ると、大不況期を経て戦時体制へと移行していく中で、産業教育の三分野ともに拡張を見せた。文部省の最後の統計の出た一九四二年ごろを一応戦前期の到達点と見定めるとすれば、そのときの学校数は明治末年の三・五倍に達していた。敗戦を目前にした時期には日本の産業教育は劇的に変化するがこれについては後述する。

なお、ここに挙げた三業の教育機関については、工業の中に工芸、鉱山、造船を、農業の中に園芸、水産、獣医畜産を含めたが、商業の中には経済を除いた。商業と経済は隣接関係にあって境界を決めにくいためであるが、経済を含めれば商業系学校数は大幅に増加する。

その代表的事例校

中等と同じく高等の産業系学校も規制が緩やかであったため特色校が多い。以下に三分野から一校ずつ挙げてみる。

工業分野では、一九〇七（明治四〇）年創立の明治専門学校を挙げたい。北九州で炭鉱業で成功した安川敬一郎は子息と協力して私財三百三〇万円と七万八千余坪の土地を拠出して私立工業専門学校の設置を企画した。足尾鉱毒事件で世間の批判を浴びた古河家が東北と九州の両帝大創設に寄付した百六万円の三倍以上の巨額であった。安川家の当初の計画では、商業も含めた商工学校であったが、東京帝国大学総長の経歴をもち、その後京都と九州の帝国大学総長を歴任する山川健次郎と相談した結果、工業一本に絞ることになった。

明治専門学校は、他の官立実業専門学校より一年長い四年制とし、最初の一年は共通基礎学科を課した。教授要員として、安川奨学生一〇名を主としてドイツに留学させ、彼らを含む教授陣によって高い水準の専門教育をした。特に注目すべきは、山川の定めた徳目八か条を教訓にして技術に精通する「士君子」の養成を目ざしたことである。学生を学寮に収容するとともに、構内に職員宿舎を設けて師弟近接の人間教育をした。

初代校長には、工部大学校卒業後フライベルグ鉱山大学に学んだ鉱山学の権威的場中《あたる》が就任し、安川、山川の教育方針を生かした学校経営に力を注いだ。的場は一三年間校長職にあったが、一九二一（大正一〇）年に安川家の意向を受けて同校を国家に献納することの交渉にあたり、校名をそのままにして官立校に転換させた。大陸に近いという地理的条件を生かして多数の中国人留学生を受け入れたのも同校の特色である。

農業分野では、一九二三（大正一二）年創立の岐阜高等農林学校に注目したい。隣県の三重にはそれより二年前に高等農林学校が設けられたけれども、岐阜のそれは、他の高等農林の校長に東京帝国大学農科大学の卒業生が就任したのとはちがい、札幌農学校系譜の校長が独自の学校経営をしたからである。岐阜の初代校長は北海道帝国大学教授から転じた東海林力蔵であったが、半年後に急逝し、その後任に札幌農学校卒業の草場栄喜が就任した。草場は、それまでに島根県立農林学校長、新潟県立加茂農林学校長、水原高等農林学校教授などを歴任して、農業教育には見識を有していた。

草場の学校経営で第一に注目したいことは「自化自育の修養」を目標にしたことである。具体的には、「自ら考へ、自ら恃《たの》み、自ら努む」ことであり、道徳生活の根本法則である「自律性」

にその基礎を置く、と彼は説明した。札幌農学校でクラークが教育方針とした自修心、独立独行、不撓不屈の精神に通底するものがある。

草場の教育でもう一つ注目したいことは、彼の著書『農村及農業の工業化』（一九三〇年）からも明白なように農村の工業化、つまり農工両全の教育のオピニオンリーダーとして意欲的な教育実践をしたことである。例えば、農場内に各種の製造実習工場を設けて、食品加工、パルプ製造、セロファン製造など原料から製造までの一貫した実習をさせた。北海道開拓使が農学校を設けた当初の意図は開拓に必要な農工の人材教育であったこととも関係がありそうである。

商業分野では、苦節の歴史を辿った東京高等商業学校を見逃すわけにはいかない。その長い歴史の中でも、特に明治四一年と四二年の干支《えと》にちなんで名づけられた申酉《しんゆう》事件は、商業教育の存否にかかわる紛擾事件であるだけに重要である。私立商法講習所から始まり、東京府や農商務省などに所管替えさせられ、明治二〇年代に入って文部省の商業学校を経て高等商業学校、商科大学へと発展した。その間の申酉事件の発端は、一九〇一（明治三四）年に同校から欧米に留学していた八教授が大学への昇格を希望する「伯林宣言」を発したことに始まる。帝国大学を擁護する文部官僚はこれに牽制をかけたことから高商と帝大の対立はエスカレートした。

商業学の学問的水準を疑問視する帝大側に与した文部省は、当面の対策として帝大の法科大学内に商業学科を設け、それまでに大学水準に近い教育を行ってきた高商の専攻部を廃止するという挙に出た。母校が帝大の傘下に入ることに反発した高商では、実力教授たちが辞表を出し、学生は総退学を決議した。渋沢栄一ら高商を支援してきた有力者がその間に入り調停に努めた。特に渋沢の涙の慰撫演説によって学生を説得して「悲しき現状維持」で終わった。法制上は、「大学令」によって一九二〇（大正九）年に東京商科大学が誕生したけれども、高等の商業教育には、工・農とはちがう苦難の歴史があった。

4　戦争による変容―官・軍・産・学の関係

東京帝国大学の軍学連携

明治新政府が国是とした富国強兵策のうち、強兵は、はじめ兵部省、のち陸軍省と海軍省によって管掌され、そのエリート養成のために陸軍士官学校、陸軍大学校、海軍兵学校、海軍大学校などが設けられて、当初は富国の国策とは別系統で教育がなされた。

ところが、文部省所轄の最高学府である東京帝国大学は、早くから軍事研究を容認していた。前身校の一つである工部大学校では、卒業生が次々と海軍に入り新しい発明をした。例えば、第五期卒業の近藤基樹は、海軍大技士、海軍造船大監となり、巡洋戦艦の設計を担当した。第六期卒業の下瀬雅允《まさちか》は海軍造兵廠において下瀬火薬を創製し、日露戦争で威力を発揮した。

帝国大学工科大学になると、造兵学科ニ講座と火薬学科一講座など軍事に関係する学科・講座が設けられ、明治末年の同学の一覧を見ると、造兵学科の授業科目の中には、火薬学、火砲及弾丸、砲外弾道学、砲架及車輛、水雷など軍事に直接関係するものが含まれていた。

これとは別に、一八九七（明治三〇）年には「海軍学生」の制度を設けて、海軍が工科大学の学生の中から希望者を募り、一定の学費を給付したうえ、卒業後は造兵、造船、造機などの部署に配置して海軍中尉に任官することにした。統計のある一九一二（明治四五）年から一九四〇（昭和一五）年までにその数は三〇一名に上った。また陸軍のほうでも一九〇〇（明治三三）年に「陸軍砲工学校員外学生」の制度を設けて、工科大学に陸軍砲工学校の生徒の中の優秀な者を定員外で入学させ、その数は一九四〇年までに一七七名に達した。

東京帝国大学の大正八年度一覧を見ると、大正七年四月に「本学ニ航空研究所ヲ置ク」とあり、二名の教授名が出ている。「越中島町ニ於ケル同研究所本館機械工場等新築落成ス」とあり、その後の航空学科の開設につながっていく。軍部と同学、特に工学部と関係は深く、新学科の新・増設にとどまらず、一九四二（昭和一七）年には陸海軍の支援を受けて千葉市に校地や校舎を確保して第二工学部を設け、そこでは、航空機体学科、航空原動機学科など一〇学科を新設した。

戦時下の産業教育の拡大

革命と戦争は教育改革の原動因となる、ということはよく言われる。日本でも明治維新後における教育の変革に対し戦争の与えた影響は紛れのない事実である。

明治期の日清、日露の戦争で日本が勝利すると、日本の産業革命の成功と相まって、工業教育の振興策が進んだ。一八九七（明治三〇）年に第二の帝国大学が京都に設置されると、木下広次総長は理工科の学生に向けて、「日本内国工芸百般の事業は諸君を待てり。今一歩を進めて之を言へば、亜細亜の大陸は諸君の奮励を待つこと茲に久し。支那大陸に鉄道其他諸製造業の起すべきもの夥し」と述べている。早くもこの時期にアジアへの進出を構想していたことは注目に値する。日露戦争後には、実戦のあとには植民地支配の経済力の強化が課題になると予想して「平和の戦争」という言葉が多用された。強国のための産業基盤の確立へ向けての国際競争が激化するという意味での戦争である。

大正期に入ると、一九一四（大正三）年に勃発した第一次世界大戦では、日本は連合国側に加わったものの、実戦の埒外にあって消耗を免れただけでなく、アジア諸国への欧米からの輸入が杜絶したため、産業発展の好機を迎えた。東京高等工業学校で手島の後任校長となった阪田貞一は、大日本文明協会の依頼で監修した『欧米之製造業』（一九一四年）の序文で、この大戦が日本の工業界に「絶好の刺戟、絶好の教訓」をもたらしたことを認め、「須らく工業を以て立国の大本と為すべきなり」と主張した。

この機運に乗じ、実業界出身の中橋徳五郎文相は、「大学令」を公布して帝国大学でない大学を設けるとともに、官立の実業専門学校を大拡張した。特に工業では、高等工業学校をそれまでの八校から一八校に増やすという大胆な拡張施策を打ち出した。併せて農と商の教育の振興を図ったが、農業教育については、米価騰貴に反発する米騒動や農地転売に反対する小作争議などの農村問題が生じ、教育だけでは解決しない難題に遭遇した。

日本の植民地支配は、明治期に台湾、南樺太、朝鮮に、大正初期には中国の関東省にまで拡張し、昭和期に入ると満州事変、日中戦争、太平洋戦争と、いわゆる一五年戦争へと突入した。戦局が激化するにつれて、産業教育は政府と軍部の意のままに動かされた。特に次の二つの施策はこの間の変化を物語っている。

その一は、一九三一（昭和六）年の満州事変の翌年に満州国が建国された。外面は独立国であったが事実上は日本の植民地であった。そのため、疲弊の目立った日本の農村からの移民奨励策がとられた。国策としての拓殖教育が推進され、教育界も呼応した。例えば、農業教育の先進県である長野県では、一〇年間に四千家族二万人を移住させて信州村を建設するという雄大な計画を立てた。

その二は、一九三四（昭和九）年に文部省は関係機関を総動員して実業教育五〇周年の盛大な記念行事を挙行して、官民連携して実業教育の振興を図ることにした。文部省の「別動隊」と称された産業教育振興中央会の機関誌『産業と教育』（のち『産業教育』と改題）が啓蒙の役割を果たした。同中央会の設立趣意書の中には「実業界と教育界とを合従連衡《がっしょうれんこう》」して「国力の伸長に寄与」するとうたっている。このような趨勢の中で、一九三九（昭和一四）年には一挙に七校もの官立高等工業学校が増設された。

第二次大戦末期の大変革

一九三七（昭和一二）年には日中戦争に突入し、その翌年には「国家総動員法」が発令されて、経済界は統制経済へと移行した。このことは商業教育を直撃した。商人は自由な商取引が困難になり、従来の卸売業者としての問屋の存在理由は薄まり、小売業者は業務転換か整理統合かの岐路に立たされた。さらに、一九四三（昭和一八）年には、「教育ニ関スル戦時非常措置方策」が閣議決定されて、産業教育界、特に商業教育界に対して一大打撃を及ぼした。商業教育は徹底的な改編を迫られた。

閣議決定の要旨は、男子商業学校を大幅縮小してそれを工業学校に転換させるか、それが不可能なれば農業学校か女子商業学校に改編するかを選択させることにあった。軍需生産に直接関係のない商業教育は女子に委ねられたのである。この決定は、翌年から半強制力をもって実施に移された結果、中等の商業学校は一挙に工業学校に転換した。敗戦に至るまでの一年半あまりの短い期間の大変革の実態については、文部省の正規の統計は残っていないけれども、文部省の簿書を調査した結果は図1と図2に示したが、その概要は以下のとおりである。

中等の産業教育機関について言えば、商業学校のうち、工業学校への転換は二三六校、農業学校または農工学校への転換は二七校、男子商業学校から女子商業学校への転換は三八校である。その結果、工業学校数は敗戦時に五六八校となり、一九四二（昭和一七）年の二五四校から二倍に増えた。その代わり商業学校は五一四校から三七〇校に激減したが、この程度の減少ですんだのは女子の商業学校が温存されたからである。なお、食糧増産の課題をもつ農業学校は、四三二校から五二〇校への微増にとどまった。

高等の産業教育機関について言えば、工業系の学校の増設が目立っている。大学、大学専門部、高等工業学校（工業専門学校と改称）などを含めると、一九四二年の四七校は八八校となった。特に重要なことは、公立の工業専門学校が三校から一八校に増えたことと、私立の工業専門学校が五校から二六校になったことである。それまでの高等の工業教育は官立校が中核となっていたのに、公立と私立が参画して大きな役割を果たした。さらに注目すべきことは、彦根、和歌山、高岡の官立高等商業学校が、工業専門学校に転換させられ、商業教育の最高学府である東京商科大学が東京産業大学に改編させられたことである。それまで長い歳月をかけて蓄積してきた商業の学問的専門性が無視される結果となった。

アメリカの占領教育政策

教育改革に対して与える戦争の影響力は、戦勝よりも敗戦のほうが強力である。敗戦となれば、教育の基底部分から反省の対象となるからである。第一次大戦に敗れたドイツのワイマール体制がその例であるが、日本の場合は、それに加えて占領軍の指令が強烈であった。国土を焼き尽くされてぼう然自失の状態に陥っていた日本人に、アメリカ流民主主義に基づく矢継早の教育改革の指令は、むしろ福音のように感じられた。戦争によって歪められ、傷つけられた日本人の心には、「民主化」という新しい大義が生まれた。

連合国軍総司令部の最高司令官マッカーサーの指揮のもとで進められた戦後改革は、財閥解体、農地改革、労働改革など多岐にわたり、教育改革もその一環とされた。敗戦の翌年三月にはマッカーサーの命令で、アメリカの進歩的教育家が呼び寄せられ『米国教育使節団報告書』がまとめられ、日本側の著名な教育家もこれに協力した。その報告書は、当時のアメリカで進歩的とされていた六・三・三の統一学校体系の採用を勧告した。

アメリカの占領教育政策は、それまでの日本の産業教育を根本から見直すものとなった。特に次の三点は重要である。

第一点は、軍事産業が完全に禁止されたことである。その中には、平和時にも利用するであろう航空機の研究開発も含まれていた。日本の工業教育は、軍学連携と財閥経営によって発達した一面を有していたため、当然として受けとめられたが、平和の中から新しい産業を生み出すための研究と教育という難題に直面した。自動車や家電などの新産業に活路を見出さざるを得なくなった。

第二点は、六・三・三制に対する理解の難しさである。戦前期の学校体系に比べれば明らかに民主化されたものの、その形式が重視される余り、産業教育に対する理解が欠如した。特に六・三に続く次のシニア段階の教育については、教育使節団報告書にも明確な提示はなく、いわゆる高校三原則（小学区制、総合制、男女共学）が理想とされた。地方軍政部による命令の強さには地域差があって、後述する愛知県のごときは、総合制の強制によって、職業高校は大打撃を受けた。当のアメリカではガイダンスなど諸種の方策で職業への準備がなされたが、日本では、職業科高校は普通科や家庭科と合体され、しかも小学区制となれば、戦前期の実業学校のような多様な実践が困難になり、軽視、時には蔑視の対象となった。

第三点は、六・三・三制はそれに続く大学教育の画一化にもつながった。戦前期の実業専門学校は、旧制大学の学部と同列の新制大学となり、同じ大学設置基準の適用下に置かれた。そのため、教育方針や設備施設や教育内容や教授陣容などの独自性の発揮が困難となった。実質は旧制大学との間に大きな格差は残ったものの形の上では平準化した。民主化という名の平等化は、それまでに蓄積してきた多様な実践の芽を摘むことになった。

戦後における産業教育の復権

戦後改革による上記三点のうち、特に第二点と第三点の難題の解決には、時間と努力を必要とした。本当の平等化、民主化とは何かという発想の転換も求められた。愛知県はそれに成功したモデル県であるため、本編の中で詳しく考察することにして、ここでは全国的な概要を記してみる。

まず中等産業教育について見れば、戦前のように小学校を卒業すれば、中学校、高等女学校、実業学校、小学校高等科へと分散させられたのに比べれば、新制中学校は平等の教育を受ける権利を保障されたという意味では大きな前進である。問題はそれに続く新制高等学校では同一校内で普通科も職業科も平等の教育を行いたいという教育方針に間違いはなかったものの、総合制という体制の中では普通科が優位に立ち、職業科は一段低く見られた。

このことを憂慮した文部省は、早くも一九四九（昭和二四）年に『新制高等学校の教育課程の解説』の中で、総合制が「職業教育を量においても質においても縮小する結果になっては断じてならない」「自立する日本はまず生産する日本でなければならない」と記した。さらに一九五一（昭和二六）年には、戦後の産業教育に期を画する「産業教育振興法」を制定して、新制高校の画一化を脱却して独立校を設ける政策へと舵を切った。

高等産業教育においても難問解決に手間どった。旧制の実業専門学校は、一県一大学の方針のもとに、若干の例外を除いては新制総合大学の学部として取り込まれた。その際、旧制高等学校の果たしてきた教養教育は教養部として温存されたため、四年間の修学期間中に専門学部の比重は低下した。文部省は専門教育を重視する方針をとったが、教養教育を支持する学内からの反発は強く、容易に解決しなかった。

そこで文部省としては、大学設置基準を大綱化したり、専門教育を大学院段階に延長させたりすることなど大学改革を進めた。六・三・三・四の統一学校の原則に反するという批判はあった中での、高等専門学校の設置はその突破口の一つになった。また戦前期の軍部からの介入という苦い経験への反省から、大学が経済界からの要請にこたえることへの抵抗はあったが、産学連携策を推し進め、技術科学大学のような新構想大学を設けたりした。これに対して、大学の使命は何か、科学技術研究の軍事目的への転用をどう食いとめるべきか、というような重大問題は今も結論に至ってはいない。

日本の産業教育を復権させる、否一歩進めて新生させるために、何が必要かと問われれば、産業教育学の確立と答えたいと思う。戦後日本の教育学者は、この課題を等閑に付してきた。そのため、産業界と教育界の対話は成立しにくい。人間のなりわいを豊かにし国家社会を発展させるための産業と、人間の知力、技術力、道徳心を育てる教育とは、お互いに接合させることのできる論理があるはずである。明治のはじめ、ダイアーはイギリス人の教育観をもってエンジニア教育を創始した。彼は、ハクスリーやスペンサーの教育論を援用しつつ、「まことの教育（real education）」を実現しようとした。

ダイアーに続く日本の産業教育家は、学理と実地の結合、産業と道徳の結合など、この面における思索と実践をしてきた。その後の産業教育は、国家富強という国家目的のために、手段化されたことは否定できない。しかし、教育は、国家や軍部の従僕でもなければ嬖臣《へいしん》でもない。さりとて、抽象的、観念的な人間の教育でもない。産業社会に生きる「生《なま》の人間教育、まことの人間教育」でなければならない。

愛知県は、産業系の中等・高等教育の発展、それを支える産業教育家の存在、産学連携のモデル形成、そして何よりも名古屋大学における産業教育学の研究など、多くの範例を有している。産業立県として愛知県の発展は産業教育を抜きにしては考えられない。

（付記）この序編では、概説を旨としたため引用文献は省略した。もし不明の点があれば、拙著『日本の産業教育―歴史からの展望』（名古屋大学出版会、二〇一六年）をご参看願いたい。

本編

範例としての愛知県の産学連携

1　プロローグ——なぜ愛知県か

愛知県の産業教育について調べる間に、著者はいくつかの驚きを覚えた。特に印象深い歴史上の二つの事実と、現況についての三つの事実について記してみたい。

歴史上の二つの事実

その一は、「ゴキソ」という愛称である。当初は愛知郡御器所村と称し、ここを最初の県立工業学校の校地に選んだ初代校長柴田才一郎の二〇年後の回顧談には、「遠く市街を離れて、田園中に孤立し道路開けず、降雨には泥濘靴を没する程にて、其不便云ふに堪へざりき」とある（愛知県立工業学校『創立二十周年記念誌』）。一九〇一（明治三四）年に県立工業学校につづき四年後に官立の名古屋高等工業学校もこの地に設けられ、工業教育のメッカとなった。現在は名古屋のオアシスと呼ぶべき鶴舞公園を眼前にして、名古屋大学医学部や名古屋工業大学を含めた一大学園となった。一九〇七（明治四〇）年に高等工業学校の創刊した校友会誌は、『ゴキソ』と題号した。

その二は、市邨芳樹校長を顕彰したという美談である。広島県尾道に生まれ、東京商科大学・一橋大学の母体となる東京商法講習所を卒業して郷里で商業学校を経営していた市邨は恩師矢野二郎の推輓によって市立名古屋商業学校教諭に転じ、一八九七（明治三〇）年から校長に就任、二一年間その職にあって同校を天下の有名商業学校に育て上げた。同校の卒業生は市邨への感謝の念厚く、早くも一九〇六（明治三九）年には名古屋市民に呼びかけて頌徳式を挙行し邸宅購入費七千五百円を贈呈した。市邨はこれを私物化することなく私費を加えて、日本最初の女子商業学校を創設した。さらに一九一八（大正七）年になると、市邨が市立商業学校を退職するに際し同窓会（商友会）の主催する謝恩会が開催されたが、名古屋国技館に参列する者三〇〇〇人、贈与金一〇万円という前例のない規模となりマスコミを驚かせた。

今日に換算すればおよそ一〇億円に相当する巨額である。当時の中堅サラリーマンの月収が三〇円程度であったというので、現在はおよそその一万倍であると考えての金額である。市中の商人や市邨の母校一橋の卒業生も募金に協力した。祝賀会で挨拶に立った松井茂知事は、県民の師弟愛を誇りにする言葉を発した。

「我ガ愛知県殊ニ名古屋市ノ如キハ、一ニモ二ニモ三ニモ金ト云フガ如キ利害得失ヲ以テ立ツト云フ噂ヲ立テラレテ居ル。此県市に於キマシテ斯カル美挙ノ企テラレタノハ、愛知県民名古屋市民ハ師ノ恩ヲ忘レル様ナ薄情ノモノデナイト云フ事ヲ広ク他ノ府県ニ迄モ証拠立ツルニ至ツタト云フ事柄デアリマス」（『市邨先生謝恩会記』）。

一橋の商科大学の産みの親であり育ての親である日本実業界の巨頭渋沢栄一もこの会に臨席していて一場の挨拶をした。彼は県知事の言辞にあやかりつつ、「実ニ私ハ甚ダ異常ト迄申上ゲタイト思ヒマス」と敬意を表した。これより先、渋沢は雑誌『向上』で名古屋を「彼ノ淫靡ナル土地」と極言したこともあるが、その先入観が完全に覆ったのである。市邨はこの贈呈金を使って第二の女子商業学校を設け、寄付者の期待にこたえた。

現況から見た三つの事実

その一は、産業系の中等教育が健在であることである。後期中等教育の高等学校は普通科と職業科と総合科に三大別され、その中の職業科は農業、工業、商業、水産、家庭、看護、情報、福祉その他から成っている。愛知県で特筆すべきは、このうち農・工・商の産業系三科の占める比率とその専門性の高いことである。文部科学省の発行する『学校基本調査』の平成二六年度版を見ると、愛知県内の国・公・私立高等学校生徒の在籍者数は、工業科は全国第一位で、二位東京都、三位大阪府、四位福岡県を引き離している。商業科もまた二位北海道、三位東京都、四位埼玉県を抜いて全国第一位である。農業科も一位北海道に続いて全国第二位の位置を占める。農業教育の盛んな長野県や千葉県よりも上位である。愛知県の職業科高等学校は、敗戦後のアメリカ軍の占領政策によって、一時は普通科との総合化が強制されたが、その後県民の主体性によって単独化が図られ、現在では、商業一一校、工業一九校、農業五校が独立高等学校である。

その二は、県内高等学校卒業生の県内在留率が高いことである。一九八〇（昭和五五）年の統計では、県外への流出率は東京都の二三・五％に対して愛知県は三五・三％、第三位の北海道は三六・四％、宮城と福岡の両県はともに三九・五％である（愛知県企画部『学園立地と地域社会に関する調査報告』）。この傾向はその後もさらに増幅されて、平成二七年の調査では、高等学校卒業生の県内在留率という逆の視点では、愛知県は九六・六％という高い率で二位の大阪府の九三・九％を超えて日本一ということになる。

その三は、以上の二点の現状を可能にしたのは、県内に県内高等学校卒業者の進学希望者の受け皿としての、産業系大学が整備されていることである。平成二六年度の『全国学校総覧』では、愛知県には国立四校、公立三校、私立四二校、計四九校の大学が存在する。東京都の一二八校には及ばないが、大阪府の五三校に近接し第三位である。国立四校は愛知教育大学を除けば、名古屋大学（工・農・経済など）、名古屋工業大学（工）、豊橋技術科学大学（工）と工業系が主流となる。注目すべきことは、四二校の私立大学の中に、工業系と商業系（経済と経営を含む）学部を含む総合大学の数の多いことであって、商工業都市をもつ大阪府の一七校より六校多い二三校が設けられていることである。将来産業界に就職したいと希望する高等学校卒業生は県内の大学で自家養成する度合いの高いことを示している。産業系以外の大学を含めて、県内出身高等学校から県内大学への進学者の割合は七〇・六％で東京都を抜いて全国一位である。逆に言えば、地元を離れて他の都道府県に流出する生徒数は、全国最低の第四七位である。ちなみに北海道は四六位、福岡県は四五位、東京都四四位の順になる。

地域産業を活性化するためには、地域に定着する人材が必要であることは言うまでもないが、その人材を育てるための中等・高等の教育システムも強固であるべきである。愛知県が産業立県として成長した理由は、以上に述べたような驚きの事実の背後にある教育システムの構造を明らかにすることから謎解きに近づけるのではないかと考えた。「なぜ愛知県か」と問いかける所以である。

2　伝統産業の継承と近代化

尾張と三河

戦国時代の愛知県は、名だたる名将を輩出したことからも分かるように、武闘派による権力争奪の一大拠点であり、全国統一の中心地であった。織田信長は尾張国守護代織田氏の支流信秀の子として生まれ、豊臣秀吉は尾張中村の木下弥右衛門の子であり、徳川家康は三河国岡崎城主松平広忠の長子であった。信長の没後、関が原の一戦を機に、秀吉は大坂に家康は江戸に拠城を構えて、日本は東と西に分断された。

このときから愛知県は東と西のはざまに置かれた。東の江戸は幕政の中心地となり、江戸城を中心に旗本の邸宅や参勤交代のための諸大名の上屋敷が並び、その生活を支えるための商人や職人などの下町が形成された。盛時は人口一〇〇万人を算える世界屈指の大都市となり、政治だけでなく学問や文化の中心地となった。他方、大坂は秀吉の築いた天下一の大坂城を取り囲む商業経済の都市として発展し、天下の台所と称される繁栄を誇り、人口も五〇万人に達した。天皇の居所であり人口三五万人の京都と近接していたため京坂を一帯にした上方文化と称される江戸とはちがった文化圏を形成した。よく言えば、東西の文化をしたたかに取り込み地域独自のものとすることができた。

その中間点で日本のほぼ中央に位置する尾張地方では、筆頭親藩（御三家）として名古屋城が築かれ家康の九男徳川義直が入城して統治した。しかし、江戸や上方に比べれば、それらに次ぐ繁華の地ではあったけれども、中京経済文化圏の実力はさほど強いものではなかった。なお、今日中京と言えば名古屋を中心とした愛知、三重、岐阜の三県を含み、東海と言えば首都圏との結びつきの強い静岡県を含んでいるため、その境界も明確ではない。

愛知県にはもう一つ大きな分断があった。それは尾張と三河のちがいであって、尾張は濃尾平野の中心地である名古屋を核にして発展したのに対して、三河は東に山地が広がり、尾張に接する平坦な土地に岡崎、吉田（豊橋）、西尾、刈谷、挙母（豊田）、田原などの小規模な城下町から成っていた。尾張藩は六二万石、実禄一〇〇万石という大藩であって、三河の小藩とのちがいを見せた。

廃藩置県後、尾張地方は名古屋県、三河地方は額田県に改められたが、一八七二（明治五）年に両県は愛知県として統一された。しかし、この合併には、風俗や人情や経済などのちがいから不満が生じ、三度にわたり分県運動が起こり、特に一八八一（明治一四）年には尾三分離、経済分離が県会で決議され、両地方のライバル意識は長く残った。その後も額田県再置の要望は続いたけれども、一八八九（明治二二）年に東海道線が開通したことを機に一体化が進み、愛知県が機械製造県として発展し始めたころからは、中京工業地帯の中核県となった。

基幹産業としての農林業

愛知県では、南アルプスを水源とする大河の中・下流域に農地が広がり、加えて伊勢湾と三河湾の干拓が進んだ。大規模な水利事業が行われ、一八八〇（明治一三）年に竣工した明治用水は、矢作《やはぎ》川の水を五〇キロにわたって、特に碧海《へきかい》郡を中心とする広大な農地をうるおした。後に述べる日本のデンマークと称されるようになる安城《あんじょう》はその一角にあった。その後も、豊川用水や愛知用水などの事業が進められ、渥美半島や知多半島の先端部にまで水路が開かれ、今日では全国でも屈指の農業地帯になっている。

愛知県はまた、旧藩時代に木曽谷の支配を幕府から認められていたため、木曽川を利用して木材の搬出が容易であり、山林業も活況を呈した。さらに加えて、広い湾岸線に沿って漁業も盛んであり、林業と水産業を含んだ広義の農業が藩および県の基幹産業をなしていた。

農業県としての愛知県は、大正年間には農業生産において全国の首位を占めたこともあり、今日でもなお「農業愛知」は健在である。平成二四年度の『県勢ガイドあいち』によれば、農業産出額は約三〇〇〇億円で全国第六位、中でも花きは全国第一位、木材・木製品出荷額は全国第二位である。同書には「愛知県農林水産物日本一」の一四品種が挙げられている。カリフラワー、しそ、きく、観葉植物、洋らん、うずら卵、あさり類、がざみ類などである。

県としても早くから農業振興に力を注いできた。早くも一八七五（明治八）年には仮栽培所を設け、一八九三（明治二六）年にはそれを農事試験所と改称して各種の試験研究に取り組むとともに農事営業者の参観に供した。また、一九〇一（明治三四）年には農事講習所規則を定めて西春日井郡に県の農事講習所を設けた。この年には、安城の地に県立農林学校を設けて農業教育に乗り出したが、これについては後述する。

陶磁産業

愛知県の特色ある伝統産業の筆頭に挙げるべきは、陶磁器の生産である。言うまでもなく陶器は土ものと言い陶土を原料とし、磁器は石ものと言い砕いた磁石を原料とする。生産地は、名古屋の東北部にある瀬戸と知多半島の西端にある常滑が知られていて、殊に瀬戸は日本三大古窯の一つであり、その産品は「せともの」と称されて有名である。その歴史は古代にまで遡るとされているが、江戸時代に入って尾張藩の保護を受けて藩財政に寄与するようになってから盛況を見せた。一八世紀後半の文化年間に、陶工加藤民吉が肥前有田から磁器の技術を持ち帰ったことが、その盛況の要因となった。これに対し常滑では、中世から大型の壺や甕が作られ、江戸期には火鉢、徳利、茶器（急須）などが生産された。

肥前有田では、今を遡る四〇〇年前、秀吉の朝鮮出兵の折に連れ来った李参平が泉山の地に磁石を発見したことから磁器生産が始まり、国内だけでなくオランダの東インド会社の手により海外に輸出された。特に酒井田柿右衛門の絵付模様は欧州の王侯貴族のあこがれを誘い、マイセンの磁器にも影響を与えた。尾張の加藤は単身この地に乗り込み、苦節の末にその技術を修得した。瀬戸には良質の粘土はあったが磁石は出土しないため、従来の陶土に千倉石を水車で粉砕して混合するという工夫をこらした。

瀬戸にも有田にも共通することであるが、明治初期になって、日本の陶磁器を海外に輸出することの期待がふくらんだ。その契機になったのは、一八七三（明治六）年のウィーン万国博であって、日本からの出品物が世界の注目を集めた。続く一八七六（明治九）年のフィラデルフィア万国博では有田の香蘭社が出品したコーヒーカップ一個に三〇ドルもの高値がつけられた。一ドル、一両、一円の時代である。日本の陶磁器を輸出するためには、堅牢、美観、軽便、廉価などの課題があり、とりわけデザインを工夫する必要があった。この間に斡旋したのはお雇い外国人のドイツ人ワグネルと技術指導の中心人物で日本の工芸教育の創始者納富介次郎であった。石炭窯の創案者はワグネルであり、デザインを「図案」と訳して推奨したのは納富である。

窯業を近代化し量産化するためには、西洋に範を求めた化学知識や石炭窯の築造技術や図案の技法などを必要としたため、有田、瀬戸、常滑などでは、明治一〇年代の半ばから研究が開始された。愛知県では、まず常滑の有力者が動き出し、一八八三（明治一六）年に内藤陽三、寺内信一といった東京の学卒人材を招いて常滑美術研究所を設けたし、その翌年には瀬戸でも町の有力者が発起人となって瀬戸金と称した工業奨励のための別途貯金を支出して加藤五助の工場で研究会を発足させた。いずれも輸出品としての陶磁器の改良を目的としていて、特に瀬戸で製造された素焼きが名古屋で絵付けされた瀬戸物は、アメリカ向けの輸出品として愛知県の窯業産業を盛況に向かわせることになる。その間に窯業教育が多大の役割を果たすことになるが、これについては後述する。

繊維産業

江戸後期に商品作物に関する多数の著作物をものした江戸期最高の農業ジャーナリストと称される大蔵永常は、一時期渡辺崋山の推挙により三河の田原藩に召しかかえられ、国産奨励の指導をした。蛮社の獄で崋山が失脚した後は同じ三河国岡崎に居住していたこともある。彼はこの地域の農業事情にも通じていて、主著『広益国産考』（一八五九年）の中には、「尾州より織出し諸国へ売出すこと数百万反とも云ふべし」と記している。

愛知県の農業は、前述した米作、園芸などだけでなく、綿の栽培でも盛況を見せていた。一八八七（明治二〇）年の統計によれば、河内や摂津などの綿作地帯をかかえる大阪府をしのいで全国第一の作付面積を誇っていた。特に知多半島の三河木綿は有名であり、それが織物に加工されて全国に出荷された。その際西陣などから技術が導入され名古屋の北西一宮地方で製造された尾西縞《しま》木綿は銘柄とされた。尾西出身の女性解放運動家となる市川房枝の自伝には、彼女の母親は「娘のときから機織の柄づくりの名手」であったという記述がある。機織り作業は女性の仕事であった。

絹が明治の輸出産業の中心になると明治の中ごろから愛知県でも桑の栽培が盛んになり養蚕業も活況を見せるようになった。日露戦争後には、愛知県は長野県に次ぐ製糸県となり、その後、綿糸交織物、毛織物などからさらにはレーヨンにまでその事業は拡張した。

繊維産業の近代化には機械化が不可欠の条件となる。この点でも愛知県は時代を先取りした。信濃国に生まれガラ紡機を発明した臥雲辰致《がうんたっち》の技術は、一八七七（明治一〇）年の第一回内国勧業博覧会に出品され、西三河地方でも使用されるようになり、輸入の洋式紡績機械と併用された。しかし、愛知県の最大の特色は、その後に豊田佐吉が国産の自動織機を発明したことである。浜名湖の近くで大工の子として生まれた佐吉は、スマイルズの『西国立志編』に感動して発明家を志し、外国製機械からヒントを得ながら創意工夫を重ねて、一八八九（明治二二）年には最初の特許を取得し、以後その織機を徹底的に改良する発明を重ねた。

一九一一（明治四四）年に佐吉は名古屋に豊田自動織布と称する工場を設立して紡績から織布

までの機械化により業績を伸ばした。これが豊田紡織の前身であって、そこで得た利益をもとにその後自動織機の製造販売に力を入れ、豊田自動織機会社を起ち上げた。紡織業から機械工業への転換を兆すものであって、その間に、後述するように工業教育が大きく関係してくる。

なお、愛知県の繊維産業と市川房枝に関係して言及しておきたいことがある。愛知県において明治から大正にかけての繊維産業が活況を呈する中で、多数の若い女性職工が過酷な労働条件の中で作業をしていたことを、市川が知友の平塚らいてうに教え、工場案内をしたことがある。市川は愛知県立女子師範学校に在学中、平塚の『青踏』に感動し、上京後平塚と相識る仲になった。一九一八（大正七）年に平塚は名古屋新聞社の主催する講演会のため名古屋入りをしたとき市川が工場見学に案内した。平塚はこのときの印象を『国民新聞』に「名古屋地方の女工生活」と題して発表した。その中で、愛知県下の工場法適用工場に雇われる職工の八割は繊維職工であること、その中の九割は女工であってその数は九万二〇〇〇名を数えること、女工の年齢は一五～二〇歳が多数を占めること、彼女たちの労働状況は極めて劣悪であることなどを記している。「これが地獄でなくてなんであろう」と心で叫び、「この不思議な小さなお婆さんたちの群」に涙したという（拙著『日本女子産業教育史の研究』二〇一二年）。この繊維女工は近隣各県から集ってきたが、概して愛知県では働く女性が多く、陶磁器や醸造業などを含めると、一九一五（大正四）年の統計では、生産活動者の約四分の一は女性であった、という報告がなされている。

商業界の変容

商業史の研究家林董一によれば「利ざとい商人ぞくぞく名古屋へ」「清須からも駿河からも城下町とともに誕生、さまざまなおい立ち」という見出しのもとに、三つのルーツがあると言う。清須越の商人は尾張国の中核城下町であった清須から築城を機に名古屋入りした者であり、駿河越の商人は尾張藩祖となる徳川義直に従って駿府から移動した者であり、もう一つは以上のいずれにも属さない商人である（『名古屋商人史』）。三河の国にも譜代大名の城下町が発達し、商人は営業権を保護されて独占を認められたので力を伸ばすことができた。瀬戸の製陶業者や知多半島の廻船問屋などはそのいずれでもない。

維新後になると産業発展を支える流通や金融や交通などが発達したため、城下町時代の特権商人の支配は掘り崩されていった。特に重要なことは東京の大資本が進出して生産活動を支援し、かつ流通機構に乗せたことである。例えば、豊田の事業を支えた三井物産や航空機事業を起こした三菱会社がそれである。ともに三重県の四日市に設けた出張所から名古屋に移った。

中でも注目されるのは豊田と三井物産の関係である。発明王佐吉は名古屋に店を構えたものの金策に苦労した。その後の佐吉の織機開発に対しては市場支配力の強大な三井物産がその将来を見越して企業化と販売に力を貸した。特許権をめぐるプラット社との提携に際しても三井物産が強い姿勢で交渉をまとめた。しかし、豊田はあくまでも三河の風土の中から生まれた稀有のトップ企業であって、地域の叡智を結集した経営をした。後述するように豊田一族は独自な綱領を作り、織機から転じて自動車産業にまで拡張する実力を発揮した。

愛知県にはそのほかにも非特権商人の系譜を引く商工業者が次々と現れ、中央資本と巧みに連携しつつ、「どえりゃー商人」と呼ばれる独自な商人社会をつくり上げた。三河を中心とする新しい企業社会がその支えとなり、商工は一体となって躍動した。三府五港に後れを取った愛知県ではあるが、名古屋港、中部空港、三河港、衣浦港などの港湾施設が整備され、輸出、輸入額は増加し、平成二三（二〇一一）年の統計によれば輸出額は全国比で一六・九％、輸入額は八・五％を占め、愛知県の商業界は活況を呈するようになった。

3　製造業の勃興と発展

機械工業

豊田佐吉の発明は、機械を用いた繊維産業から、織機そのものを製造する機械産業への転換の契機を与えた、と前述した。明治以来、日本の洋式繊維機械は主にイギリスのプラット社を通して輸入されたが、豊田式織機はそれを上回る効率を生み出したため、一九二九（昭和四）年にはプラット社の側から豊田に対して特許権の譲渡を求めてきた。この間に斡旋役を果たしたのは三井物産である。

愛知県には、これとは別に、これより古く、時計工業が実績を収めていた。一八七五（明治八）年ごろから、豊橋や半田などでボンボン時計の製造が始まり、その後相次いで時計工場が設けられると手作業の手法から機械的作業へと進んだ。日清戦争後は輸出が増加し始め、販路も欧米にまで拡大し、昭和期になると量産体制が確立した。

愛知県の中心的工業は軽工業から重工業へと移行し、後述するように自動車工業、航空機工業、鉄道車輌工業などが盛況を見せるとその原材料となる鉄鋼の需要が増大し、それに関連する産業が発達した。特に有名なものは大同製鋼と称する企業であって、もとは一九一六（大正五）年に中部電力の母体となる名古屋電燈が木曽川水系の電力活用のために設けた電気製鋼所に端を発し、一九三八（昭和一三）年にその社名となった。戦時中は航空機用鋼材を製造し、戦後は自動車産業の需要にこたえた。一九六三（昭和三八）年には世界でも最大規模で最新設備をもつ知多工場を完成させた。機械産業を支える基盤産業である大同製鋼に注目するのは、後述するように同社が戦前に工業学校を、戦後に工業大学を設けたことと関係する。

自動車工業

豊田佐吉の企業家精神は、長男の喜一郎と婿の利三郎に引き継がれて、織機から自動車へとシフトした。父佐吉は小学校しか出ていなかったけれども、喜一郎は東京帝国大学工学部機械科を卒業し、利三郎は神戸高等商業学校から東京高等商業学校の専攻科出身である。当時における工業系と商業系のトップクラスの学卒人材が手を結ぶことになったのである。喜一郎は、父のかねてからの願望であった自動車の生産に心血を注ぎ、利三郎は経営面からこれを支援した。見事な工商連携である。一九三三（昭和八）年に豊田自動織機製作所の片隅に自動車部が設けられて、それまでに試作されたアツタ号の工業化が始まった。その自動車部は一九三七（昭和一二）年に独立してトヨタ自動車工場となり、同時に挙母《ころも》工場が竣工して月産二〇〇〇台の生産が可能となった。日本人の頭脳と技術で世界に通用する小型自動車の製造が可能になったのである。

しかし、その後のトヨタ自動車工業は決して順調ではなかった。第二次大戦中はトラック生産を強制され、戦後は労働争議や資金難や資材難に見舞われた。朝鮮戦争の特需のころから自動車業界は活況に転じ、その後モータリゼーションの波に乗って、喜一郎の示したジャスト・イン・タイムの経営方針で知られる定時納入体制を確立し、二〇〇六（平成一八）年の新聞報道ではホルクスワーゲンおさえて四年連続世界一にまで成長した。

ミシガン大学のライカー（J. L. Liker）教授はその成功要因を分析して『ザ・トヨタウェイ』（原

書二〇〇三年、翻訳二〇〇四年）を刊行し世界的なベストセラーとなった。彼はその後も著作物を出し続けたが、その中で彼の注目したことの一つは、トヨタの人材養成のシステムであった。社員一人ひとりを工夫する人材に育てて、ものづくりに従事させるための基本として、まずは人づくりを大切にしていることであった。トヨタ社内の独自な社内研修が生かされていて、課長、工長、組長、班長、一般社員という階層間で二級上のリーダーが二級下の社員を育てるという階層職制別の研修を充実させたし、さらに進んで戦前にはトヨタ学園による中等レベルの社内教育機関をつくり、戦後にはさらに程度を高めた工業大学を設けた。

なお、トヨタの立地した挙母市は一九五九（昭和三四）年に豊田市と改称し、佐吉の姓をとってトヨダではなくトヨタと呼ぶことにした。北九州工業地帯の衰退に応じて、人口三五万人の人口のうち二割は九州からの転入者であり、各地から移住した住民たちを含めて西三河の伝統的風土を生かしつつ、トヨタ自動車の城下町として新たな企業地域の文化を生み出している。

航空機産業

戦前期の愛知県の代表的産業である航空機の生産は、第一次大戦のころから始まっているので、自動車産業よりも古い。早くも一九一六（大正五）年には三菱合資会社神戸造船所で航空機関発動機の開発が始まり、一九二〇（大正九）年に三菱内燃機製造株式会社が設立された。翌年には名古屋に工場が設けられ三菱内燃機名古屋製作所と称し、一九三四（昭和九）年に三菱重工業株式会社が設立されると名古屋工場は同社名古屋航空機製作所と改称された。満州事変以降、六〇〇〇人以上の従業員を擁していた。

いっぽう、第一次大戦後に時計産業が不振状態に陥ると、一八九八（明治三一）年創業という古い歴史をもつ愛知時計電機株式会社も航空機産業に参入した。一九二〇（大正九）年、同社は横須賀海軍工廠から技術輸入するとともに欧米の技術者を雇い入れて飛行機や飛行艇や発動機などの製作において業績をあげて、日中戦争直前には五〇〇〇名の従業員をかかえる大企業となった。同社は、一九四三（昭和一八）年には航空機部門を分離して愛知航空機と名を変えた。同社と三菱重工業名古屋航空で製造された陸海軍の航空機は一九三九（昭和一四）年には全国総生産数の四三・八％（海軍だけなら六二・八％）に達した。この年には名古屋帝国大学が創設され、その中に航空学科が設けられたし、また名古屋市立航空工業学校の開校もこの年である。

これら二大航空機企業は、自動車企業と同じように、麾下に多数の部品製造工場を生み出した。かくして愛知県は日本屈指の航空機産業の拠点となった。敗戦後は連合軍の指令によって中断されたけれども、一九五二（昭和二七）年のサンフランシスコ講和条約によって再開された。名古屋大学の航空学科も地元企業の要請を受けて、一九五六（昭和三一）年に設置認可された。

関西府県連合共進会本館正面（「愛工五十年史」より）

中京工業地帯の形成

愛知県が中部日本で突出し始める一つの契機は、一九一〇（明治四三）年に名古屋市で開催された第一〇回関西府県連合共進会であった。用地は、県立の愛知県工業学校と官立の名古屋高等工業学校が立地するゴキソの近隣で、後に鶴舞公園として整地されることになる、当時なお荒涼とした土地であった。この共進会は関西と銘打っていたけれども、その実は博覧会であって、全国の各府県から参加があって盛況であり、名古屋産業界へ多大の刺激を与えた。

その共進会に特に熱意を示したのは、県立の工業学校と官立の高等工業学校であって、高等工業の出品物は機械と染色が中心となっていた。県立工業の出品物は、同校の得意とする繊維産業の製品が中心であって、その躍進ぶりが注目を集めた。さらに加えて、県立工業には機械科を増設することの必要性を認識させる契機ともなった。柴田才一郎校長はいち早くその準備を進め、共進会の終了した翌年には教室や工場の建設を終えた。機械科長に就任した松岡音吉の回顧談では、県会が機械科の設置を承諾したのは共進会の開催によりそれの必要性が一般に認識された結果であると証言している（愛知県立工業学校『創立廿周年記念誌』）。「此共進会こそは今日の大名古屋市を築く誘因をなしたもの」と、同校の五十年史もその意義を認めている。

第一次大戦後に名古屋市を中心とする中京工業地帯が発展していく。京浜、阪神、北九州と並ぶ四大工業地帯の一つとなる。今日その発展は他を圧して目ざましく、昭和三〇年代に入ると特に豊田市から刈谷市にかけての自動車工業地帯と、それの輸出入の拠点としての臨海工業地帯の躍進が注目される。二〇一六（平成二八）年の県勢要覧では、製造品出荷額や従業員四人以上の製造業に従事する人数など、全国一を誇っている。

4　産業教育の指導者

産業教育家の群像

愛知県が後ればせながらも、産業立県としての今日の成果を収める過程において産業教育の果たした役割が大きいことを立証しようとする本書にとって、すでに戦前期において、愛知県の土壌の中ですぐれた教育家が現れて種まきをしたことの意義を考えてみたい。もともと尾張の大藩名古屋にしても三河の数多の小藩にしても、江戸期の藩校として特色あるものは少ない。ちなみに一八七〇（明治三）年に尾張藩の設けた洋学校はのちに愛知県第一中学校に、吉田藩（豊橋藩）の時習館はのちに県立の第四中学校となっている。

愛知県の産業教育機関の嚆矢は一八八四（明治一七）年創立の市立名古屋商業学校であって、市邨芳樹が一八九三（明治二六）年から教諭、校長に就任して経営の辣腕を揮った。彼はさらに日本最初の女子商業学校を起こした。工業教育の発端は、一八九五（明治二八）年に瀬戸と常滑に設けられた窯業学校であるが、本格的には一九〇一（明治三四）年の県立工業学校およびそれから四年後の官立高等工業学校から始まる。その両校では柴田才一郎が指導的役割を果たした。農業教育では、一八九九（明治三二）年に半田農学校が設けられるが、全国的な有名校になるのは、一九〇一（明治三四）年に山崎延吉の率いる県立農林（安城農林）学校である。一九二〇（大正九）年には愛知県の第二の官立学校である名古屋高等商業学校が開校し、そこには渡辺龍聖という名校長がいた。

市邨芳樹

広島県の尾道市に生まれ東京商法講習所を卒業して郷里で広島県最初の商業学校を経営していた市邨芳樹（一八六三〜一九四一）は、矢野二郎の薫陶を受け、市立名古屋商業学校の経営を委ねられて以来名古屋の商業教育一筋に生き、自他ともに「第二の矢野」と称し称される教育家と

市邨芳樹
（「市邨学園七拾年史」より）

なった。言うまでもなく矢野は日本の商業教育の創始者である。

市立名古屋商業学校において、市邨は恩師の遺訓を継承し、次々と新しい教育方針を打ち出した。例えば、一八九七（明治三〇）年に校長昇任直後の校風四則では、①三恩を感謝すべし、②士魂商才を養ふべし、③同心協力其の天職を尽すべし、④誠心誠意其本分を守るべし、とし、一九〇九（明治四二）年に改正した校則三則では、①三恩を感謝すべし、②商士道を発揮せよ、③世界は我市場なり、とした。

市邨の思想を表現する言葉として、「商士」と「世界我市場」を挙げたい。まず「商士」について言えば、市邨の定めた校則の「士魂商才」「商士道」は、旧時代の商人とはちがって武士と対等の人間的地位を確立することの表明であった。彼は毎月刊行される同窓会誌を『商士』と題号して、毎号に巻頭言を記した。校長退任後の一九三四（昭和九）年一月刊行の第二九六号には、「矢野二郎先生の道を慕い行く者」という感慨にみちた記事を寄せた。

「世界我市場」は、在校生徒や卒業生の視野を世界に向けさせた。そのためには学科目を削減して実用的方面の教育に力を注ぐとともに、生徒の成績品を万国博覧会などに出品させた。その最初は一九〇四（明治三七）年開催のセントルイス万国博に文部省の指定を受けて出品させ銅賞牌を受けた。続いて一九一〇（明治四三）年の日英博覧会でも全国の商業学校を代表して出品し名誉大賞牌を、さらに一九一五（大正四）年のパナマ・太平洋万国博でも文部省の指示で出品して金牌を受賞した。

名古屋における市郎のもう一つの功績は私立女子商業学校を創立したことである。「商家の奥さん」の教養を高めたいと念願していた市郎は、プロローグに記したように市立商業学校の同窓会である商友会が中心になって行った彰徳記念事業の募金をもとでに、一九〇八（明治四一）年に最初の、一九二五（大正一四）年に第二の女子商業学校を設けた。後者の場合は彼の退職を祝賀して一〇万円という巨額の贈呈金が集められて、彼はそれを有効に活用した。一九二三（大正一二）年には市立商業学校の卒業生だけでなく女子商業学校の卒業生も加わって市郎の寿像が建設された。市立商業学校の玄関には「世界我市場」の扁額がかけられ、その前庭に設けられた「世界池」の側にその立像は鎮座している。

市郎は大名古屋市の建設を想望していた。卒業生が名古屋の商業界を動かしているという自負も手伝っていた。一〇万円の募金に成功したというのは彼らの実力のあかしであった。こののち一九二五（大正一四）年の『商士』に彼は「大名古屋市の建設に就て」と題する一文を記し、「我が大名古屋市の建設については吾人の大に協力しなければならぬことである。田阪市長は鵜飼都市計画部長と共に、来る十七日、我商友会館の講演会に於て其懐抱せらるゝ所を親しく披瀝せられんとす。商士諸君万障を繰り合して来会せられんことを希ふ」と呼びかけた（『商士』第二二五号、一九二五年一一月一〇日）。名古屋の発展に寄与した市邨は一九四一（昭和一六）年名古屋で没し、葬儀は女子商業学校で執り行われた。

柴田才一郎

市邨より一年後に長野県の日本アルプスの山麓に生まれた柴田才一郎（一八六四〜一九四五）は、東京職工学校の第一期生として卒業した。同校は、工部大学校から東京大学へと連結する工学教育機関に対峙して、東京高等工業学校から東京工業大学へと連続する、日本の工業教育のもう一つの拠点校であった。柴田は、名校長とうたわれた日本の工業教育の最高指導者である手島精一から厚い信頼をかち得た。卒業後足利で染織工場の指導をしていた柴田を、一八九二（明治二五）年に高等工業学校に昇格する前の東京工業学校に呼び寄せ助教授、教授に抜擢したのは手島校長であった。柴田は、赴任して程なくドイツを中心とする欧米留学の機会に恵まれ、一八九五（明治二八）年からドイツのロイトリンゲン織物学校に一年、ウィーンの織物学校で一年間学び、ベルギー、イギリス、アメリカの業界を視察して帰国した。

柴田才一郎
（愛知県工業高校「創立廿周年記念誌」より）

一九〇一（明治三四）年に愛知県立工業学校の設置認可がおりると、それを推進した沖守国知事は手島に対して柴田の校長就任を強く要請した。愛知県は元来綿や絹の繊維産業地であったが、この時期品質の不良が業界の不振を招いていた。県知事としてはその挽回のため、斯界の権威者である柴田の指導を求めたものと思われる。校長に就任することになった柴田は、新設の工業学校を機織と染色の純然たる繊維系の学校とすることにし、当初は予科と本科（染織科・図案科）としてスタートさせ、二年後には本科を機織科、色染科、図案科に改めた。その後一九一一（明治四四）年には機械科を増設して、一般の工業学校に近づけた。工業学校としての基礎固めを終えた柴田は、一九二三（大正一二）年には米沢高等工業学校の校長に転じた。

柴田のもう一つの功績は、一九〇五（明治三八）年に名古屋高等工業学校の開設に際して寄与したことである。地元の強力な支援によって名古屋に第四の高等工業学校の設置が決まると、柴田は創立設計委員の一人に任命された。用地確保に対して利権者が介入することを避けるため、柴田は文部次官岡田良平と隠密に行動して、県立工業学校に隣接する敷地を確保し、県立工業と官立高等工業の共用する実習工場を建設することにした。そこには洋行帰りである柴田の選定した最新の機械をイギリス、ドイツから購入して備え付けた。加えて、当初の文部省の予定していた土木科、建築科、機械科の三科に加えて、機織科と色染科の二科を設けることを提言して承認させた。柴田自身は県立工業の校長のまま、官立高等工業の講師となり、機織科長として「機織、繊維機織実習」を担当した。

当時における動力機械や色染の第一人者であった柴田が名古屋の繊維業界に与えた影響は甚大であった。特に綿や絹の生産を主体としていた業界を毛織物産業に転換させたことは柴田の指導の成果であった。県立工業と官立高等工業の工場は織機の動力化の模範となり、豊田佐吉の自動織機の発明もその機械を参考にしたと言われている。柴田は、一日会と称する研究会を開き、手工業を機械工業に切り替えることの指導をした結果、多数の業者が新しい工場を設け、その後の毛織王国を築き上げることができた。

柴田は、一時米沢高等工業学校長に転出したものの、退官後は名古屋を永住の地と定めた。名古屋では卒業生や業界関係者などによる謝恩会や頌徳会が催され、県立工業学校と官立高等工業学校のそれぞれに同型の寿像が安置された。柴田は贈呈された記念金は学校の奨学金に寄附したが、ゆかりのゴキソに頌徳会から贈られた邸宅は受け取って晩年を過ごした。第二次大戦末期に岐阜県中津川畔の疎開先で八一歳の生涯を閉じた。名古屋とのつながりは市邨とよく似ている。

山崎延吉

金沢の旧武士の家に生まれた山崎延吉（一八七三〜一九五四）は、地元の第四高等学校から帝国大学農科大学を卒業した学卒人材である。関係者からは「農聖」と称され、自らは「我農生」

と号した。「我は農に生まれ　我は農に生き　我は農を生かさん」というのがその含意であった。彼はそのモットーのもとに多数の著書論説を発表し、『山崎延吉全集』全七巻に収めた。大学卒業後、短期間であったが福島県蚕業学校、大阪府立農学校に勤務したのち、一九〇一（明治三四）年開設の愛知県立安城農林学校の初代校長に就任して、一九年間勤続し、安城を日本のデンマークと称されるモデル的な農業地帯に育てた。

安城農林学校における山崎は、校則四則を定め、勤労主義、精神主義の教育に徹した。その第一則には、「古武士ノ風」を養うとうたった。山崎の教育思想は、「国土の経営は一に農業の進展による」「民族の生命は一に農業に依りてのみ支持され、継続さるる」という彼の言辞に表明されるように国家農本主義に基礎づけられていた。「工業如何に大なりと雖も、商業如何に盛なりと雖も、生産の内、価値と効用とを作り出すに過ぎぬものなり。世に職業多しと雖も新に生命を作り出すのは農業のみなり」と言う（『山崎延吉全集』第一巻）。

山崎延吉
（「山崎延吉全集」第１巻より）

西三河の安城は、一八八一（明治一四）年に矢作川から分水した明治用水が通水して、それまでの原野が水田に開墾されて稲作が盛んになっていた。ただ学校用地は森林原野であったため、学校創建に際して、当初は碧海郡農会事務所を仮校舎とし、寺院を借りて仮寄宿舎とした。何よりも重要な実習地の造成には学校総ぐるみで取り組み、山崎もモッコかつぎに汗を流した。長身の彼の片棒をかつぐ生徒は苦労したというエピソードが残っている。安城農林学校の授業では、山崎が自ら教壇に立つ修身科の時間が有名となった。教科書は用いずに身近な実生活に即したテーマを出して生徒の人格陶冶に力を傾注した。山崎の授業は生徒だけでなく教員も聴講した。

同校が有名になると、入学志願者は全国から集まり、また学校参観者が引きも切らずに訪れた。安城の町はそのため活況を呈し、旅館も建てられ、中には農林学校指定旅館と名乗るところも現れた。

安城農林学校が有名になるのは、その学校教育だけではなく、山崎の提唱した学校を中心とした農村教育の思想にも原因があった。山崎が一九〇八（明治四一）年に発刊した『農村自治の研究』（全集第一巻）は評判となり、彼は県内だけでなく広く県外からの講演依頼に応じて南船北馬、東奔西走するようになった。彼の著作物には農業学校教育論よりも、『農村教育論』（一九一四年、全集第三巻）や『更生農村教育』（一九三四年、全集第七巻）のような農村教育論が多く、かつ有名である。

愛知県における山崎は有言実行、広く農村世界と関係した。県の農事試験場長、農事講習所長、県農会幹事などをつとめたし、一九〇七（明治四〇）年以降は校内で篤農家懇談会を開き、学校と社会を連結させることに寄与した。安城の位置する碧海郡には山崎の指導で青年訓練所も設けられた。

山崎は、一九二〇（大正九）年に安城農林学校長を退任して、主として帝国農会の要職をつとめ、『帝国農会報』には毎号のように彼の主張を掲出し農村問題のオピニオンリーダーとなった。一九二八（昭和三）年には農林学校卒業生や目醒めた農民に推されて衆議院議員に当選し政界に名のり出た。その間、一九二四（大正一三）年には同志とともに国民高等学校運動を起こし、安城農林時代の下僚であった加藤完治を支援するとともに、一九二九（昭和四）年には自ら神風義塾を開き、民間サイドから農民教育の実践をした。ちなみに加藤は短期間ではあったが安城農林学校の教諭をつとめ、その後山形県の自治講習所長に転じ、さらに茨城県の内原青年訓練所長、日本国民高等学校長となった。独自な日本農本主義の理論家であって、山崎の強い影響を受けていた。

校長退任後の一九二二（大正一一）年、県農会の主催した山崎の頌徳会における頌徳の辞の中には、「校名倏《たちま》チ高ク東海ノ一偉観トシテ東西名士相来往シ範ヲ本校ニ乞フ」「創立後弐拾有余年ニ達シ卒業生ヲ出スコト壱千弐百名ニ垂《なんな》ントス」「農家ヲ基礎トセザル試験ノ成績ハ畢竟白紙ニ等シトナシ当業者ト試験場トノ接近ヲ密接ナラシメ」「県下（農事）講習所既得者優ニ二万人ヲ以テ算ス」など賛辞が連なる（『安城農林百年史』）。

山崎は一九五四（昭和二九）年、名古屋で八二歳の長寿を全うした。

渡辺龍聖

越後国に生まれ、上京して早稲田大学の前身校である東京専門学校を卒業して帝国大学文科大学選科に入学するも、翌年アメリカ留学の途に上り、ミシガン大学、ヒルスデール大学を経てコーネル大学でPh.Dを取得して、一八九四（明治二七）年に帰国した。

哲学・倫理学を専攻した渡辺龍聖（一八六五～一九四五）は、学歴も経歴も変化にとんでいたが、最後は商業教育家として名をなした。最初は高等師範学校教授となり、同校の附属音楽学校の教授をつとめていたが、音楽学校が独立すると東京音楽学校初代校長に就任、三年後には清国直隷総督袁世凱《えんせいがい》の学務顧問として招聘され、七年間清末直隷省の教育改革に寄与した。帰国すると東京高等師範学校教授に復帰し、そのままドイツ留学を命じられてベルリン大学に入学した。三か年の予定であったが翌年には文相小松原英太郎に呼び戻され、一九一一（明治四四）年、小樽高等商業学校初代校長に発令され、その創設に力を尽したのち、一九二一（大正一〇）年一一月に小樽に次ぐ第六番目の高商である名古屋高等商業学校の校長

渡辺龍聖
（「名古屋高等商業学校」
『名大史ブックレット10』より）

に任命された。渡辺は、小樽に一〇年、名古屋に一四年間、初代の校長として独自な学校経営をなした。

ドイツ留学中に呼び戻されて高等商業学校長になることが決まった渡辺は、ベルギー、ドイツ、フランスなどヨーロッパの商業教育機関をつぶさに視察した。彼は、自国の国力の発展や世界文化への貢献に対して商業教育ほど有効なものはないと確信した。小樽に赴任した渡辺は、先行する東京、神戸、長崎、山口の官立四高等商業学校および大阪の市立高等商業学校とはちがった特色をもつ学校づくりを目ざした。彼は小樽での試行に成功したという自信をもって、さらにその開花を期して名古屋入りした。

小樽と名古屋で渡辺のなした式辞類は、一九二九（昭和四）年に名古屋高等商業学校から『乾甫式辞集』として刊行されているので、彼の思想や実践を窺い知ることができる。同書の中で最も注目したいのは、一九二五（大正一四）年に発表した「産業振興と教育の改革」と題する論説であって、次のような一文がある。

「自給自足主義の産業とこと変はり、世界的に有無交易の時代となって見れば、単に修養ある国民と云ふ丈では国威を発揚することが出来ない。農・工・商各職業に充分なる理解と技能とを備へ、適材が適職に就き其能力を完全に発揮するにあらざれば、国利民福を増進することが出来なくなったのである」（『乾甫式辞集』）。

農・工・商の職業教育を振興するためには、日本人の固定観念となりつつある正系と傍系という階梯教育観を打ち破る必要がある。中学校・高等学校、帝国大学の系統を正系と見なすのではなく、実業学校や実業専門学校もまたそれ自体の存在価値をもつことを認識すべきである。そのためにはアメリカ留学中に身につけた「実用」の意義を発揮させるべきである、と訴えた。そのことを証拠立てる二つの言動がある。

その一は、小樽でも名古屋でも高等商業学校を大学に昇格させる運動が起こったとき、渡辺はそれに反対した。大学と専門学校は「車の両輪」「鳥の両翼」であって、上下の関係ではないというのが彼の意見であった。

その二は、専門学校における教育の内容である。これについては小樽と名古屋における相似た二つの言辞が注目される。

一九二一（大正一〇）年一〇月、小樽高商の開校一〇周年の記念式では、「先輩高等商業諸学校に於て教授せざる科目にして本校独得の学科三あり、一は商業実践、二は企業実践、三は商品実験なり」と述べた。その例として東京高等商業学校出身の国松豊教授がアメリカ留学中にテーラーの科学的管理法を研究して、一九二〇（大正九）年に校内に設けた石鹸工場を挙げた。そこでは生徒に仕入れ、製造、販売など一連の業務を実践させた（小樽商科大学『緑丘五十年史』）。

一九二六（大正一五）年一一月、名古屋高商の開校五周年の記念式では、「先輩諸学校に於て全然教授せざるか、或はさして重きを置かざる学科目にして、本校に於て相当成績を挙げんと期待しつゝあるものに、左の諸科目があります。一、商業実践、二、商品実験、三、商工心理、四、能率研究、五、産業研究」。担当者は渡辺が小樽から連れ来った国松豊、神戸高等商業学校から東京高等商業学校専攻科を卒業した赤松要、東京帝国大学を卒業した古賀行義の三人が中心となった。国松は実験工場として活版工場を設け、赤松はハーバード大学のケースメソードを参考にして産業調査室を設け、古賀は日本で最初に商工心理学を講義した（『名古屋大学経済学部五十年史』）。

この商工心理学の導入の理由についても、世界の動きを見ていた渡辺の言辞が残っている。

「今までの経済学者は資本のことのみを研究して人のことは哲学者の解剖のままに任して置きました。然るに哲学者はまた資本嫌《ぎら》いで、金銭から人を引き離して架空的に人をおもちゃにしておりました。然るに前世紀にフェヒナーが物理の法則を心理に応用して以来、実験心理が現れ、それが今日の商工心理の基となりまして、それが欧米の産業界に適用せられ出したは欧州大戦以後のことでありますす」（『乾甫式辞集』）。

渡辺の退官後は、国松豊が第二代校長となり、一九三八（昭和一三）年には渡辺の記恩会を催し、校庭に寿像を建立した。その国松は、東京高等商業学校を卒業後東京の私立中央商業学校で教職についていたところを渡辺に認められて小樽高商の教授となり、渡辺の教育方針に傾倒し、商業教育の実用化、実践化に力を尽した。渡辺が名古屋高商に転任する際には渡辺と行動をともにして名古屋入りをした。彼は校長就任直後に次のような一文を残している。渡辺の率いる名古屋高商の発展を祝福するかのごとき言辞である。なお、国松は戦後になって愛知学院大学で商学部長として活躍するが、これについては後述する。

「曽て封建時代の乱世に英傑太閤を生み、今や産業時代の風雲に乗じて隆々比類なき発展の途上にある我が中京大名古屋市の東郊に設置せられた本校は、正に産業時代の乱世に経済的太閤を送り出すべく、燃ゆるやうな意気と輝しい希望とを以て、挙校一致校運の発展を図って居る次第である」（『文部時報』第五四六号、一九三六年四月）。

渡辺は、退官後も名古屋に居住し、一九四五（昭和二〇）年に疎開先の三重県桑名市で没した。愛知県の産業教育に功労の大きかった以上の四人の教育家は、いずれも出身は県外であったが、臨終の地は愛知県であったということも興味深いことである。余談ながら今日でも、名古屋は住みたい街としては必ずしも上位ではないが、住んだら離れたくないという上位の街であるということの理由は何であろうか。

5　戦前期の産業教育

出後れの挽回

初等・中等・高等の全教育分野を見渡したところ、愛知県の学校教育の小学校就学率は、明治末年には九〇％台に達し、ほぼ全国平均と見てよい。また中等教育では、中学校が中心になって動き出した。明治末年までには公立五校、私立四校が設けられ、在籍生徒数は全国第四位となった。特に県立の第一から第四までの中学校が設けられたことは注目される。第一中学校は一八七七（明治一〇）年にそれまでの文部省直轄の愛知外国語学校が転換してその先駆となった。その後、一八九四（明治二七）年に文部省が一県一中学校という規制を緩和したのを機に、一八九六（明治二九）年には額田郡岡崎村に第二中学校が、一九〇〇（明治三三）年には海東郡津島村の第三中学校と豊橋町の第四中学校が加わった。このうち豊橋の中学校は旧吉田藩の藩校時習館の流れを汲むものである。

当時の学制では、中学校から高等学校を経て帝国大学に至るのが正流の系統とされていたが、愛知県では高等学校と帝国大学が大幅に後れた。

高等学校は、一九〇八（明治四一）年に全国第八番目の、その名も第八高等学校が設置された。これより先、一九〇一（明治三四）年の地元新聞には高等学校の設置を求める強い論調の記事が出ている。このときすでに第七番目までの高等学校が発足していた。

「東海地方の、概して教育に冷淡にして、子弟の教養に意を用ゐざる事は、我輩の先きに近畿東海地方の為に画策したる論中に於て、業既に唱破したる所なるが……東京は姑らく云はず、京都、仙台、岡山、金沢等に存在する高等学校に対して、是非共名古屋に一個の高等学校の設置なかるべからず」（『新愛知』一九〇一年三月七日）。

帝国大学は、さらに後れて一九三九（昭和一四）年に全国七番目にして最後の、名古屋帝国大学が設置された。一九一八（大正七）年公布の「大学令」では、「帝国大学令」とは別に公私立の大学および単科大学の設置を認めたため、一九二〇（大正九）年には愛知県立愛知医科大学（昭和六年官立移管）が認可されたが、愛知県民の帝国大学誘致の希望は消えなかった。県立医科大学の初代学長山崎正董は早くも一九二二（大正一一）年に「濃尾大平野と綜合大学」と題する論説の中で次のように記している。

「我国の綜合大学は東にしては東京仙台札幌、西にしては京都福岡に存する。而して本州の中腹たる東海一道に之あるを見ざるは、吾々の大に遺憾とする所である。高等学校は名古屋に在り、金沢に在り、新潟に在り、松本に在り、近く又静岡に開かれんとする。之等文華の花弁が靡々として相連る処を求めるならば、鉄道の集中に依つて脈絡の帰趨するところ、葩心《はしん》は芬都《ふんぷん》として濃尾の大平野に其霊香を吐くべきである」（『愛知教育』第四一九号、一九二二年）。

帝国大学創設には莫大な地元負担が求められた。後に六〇〇〇万円に縮小されたものの、当初は九〇〇〇万円という巨額が示された。県議会の側にもちゅうちょの念が働いていたが、山崎の論説から一五年たった後の一九三七（昭和一二）年にようやく本格的に動き出して、県会では「戦後経営」のためには「文化ノヨリ高キ発展ト近代産業ノ振興ニ当ルベキ人材ヲ養成スルノ機関」が必要であり、本州の中央部に位置し東西の両都を結ぶ要衝の地である名古屋に総合大学を設ける意義を訴える決議をした（『名古屋大学五十年史』）。

趣旨説明に立った田中広太郎県知事も産業の振興をその理由に挙げた。愛知県が「全国屈指ノ工業地帯」として発展した今日、「研究ノ結果ヲ応用実施」することのできる「優秀ナル技術者ヲ養成スル」ことが喫緊の課題であると説いた。帝国大学は複数の学部をもつ総合大学とすることが法令上の要件であったため、一つには愛知医大を医学部とするとともに、新たに理工学部を加えることになった。農学部も構想していたが見送りとなった。なお理工学部は一九四二（昭和一七）年に理学部と工学部に分離された。工学部のその後については後述する。

一九〇三（明治三六）年には「実業学校令」が改正されて「実業専門学校」が発足した。改正法令の附則では、札幌農学校、盛岡高等農林学校、東京高等商業学校、神戸高等商業学校、東京高等工業学校、大阪高等工業学校、京都高等工芸学校の七校が挙げられた。名古屋に官立の実業専門学校が加わるのはそれより後れて一九〇五（明治三八）年の高等工業学校であり、さらに遅れて一九二〇（大正九）年の高等商業学校である。敗戦直前の一九四三（昭和一八）年には県立の高等工業学校が加わった。後れたとはいえ、工業と商業の官立二校の教育実践には特色がある。中等の産業系学校も他府県に比べて決して早いほうではない。しかし、その中には市邨芳樹、柴田才一郎、山崎延吉の経営する特色ある学校が存在することは注目に値する。

名古屋高等工業学校

一九〇五（明治三八）年、工業系の実業専門学校としては日本で四番目の、そして愛知県では最初の実業専門学校として名古屋高等工業学校が誕生した。これより四年前に開校した県立の工業学校の初代の名校長柴田才一郎が創立に関与し、隣接するゴキソの地に校地を確保し、実習工場などを共用し、中等高等連携の工業教育を実践したことについては前述した。

創立時の名古屋高等工業は、土木、建築、機械のほかに柴田ら地元の要請を受けて紡織と色染の五科で開校した。開校式に出席した牧野伸顕文部大臣は地元有力者の招待会の席上名古屋が工業都市として発展することを期待する次のような言辞を発した。思うにこれだけの言葉を口にするのは異例とも言えることであり、彼の期待の大きさを物語っている。

「予は二十年前当市に来りし事ありしが、此期間に於て頗る長足の発展を為したるに驚きたり。殊に当市の事業としては一千二百万円の経費を要する大事業が計画されつゝあり。斯る事業は三府にも多く見ざる所、又工業としては紡績、陶器、織物、時計等の諸工業倍々《ますます》発展しつゝあり」「思ふに名古屋は尾張の名古屋にあらずして日本の名古屋世界の名古屋たるを期するにあり」（『新愛知』一九〇七年五月一九日）。

その後の名古屋高工は、工業界の進歩に合わせて、一九二九（昭和四）年に電気科を、一九四一（昭和一六）年に航空学科を増設した。また、この年に工業化学科を設けて、色染分科、合成分科、窯業分科に三分割した。一九四二（昭和一七）年現在、機械工学、工業化学、紡織学、土木工学、建築学、電気工学、航空工学の七学科をもち、当時二五校を数えた全国の官立工業専門学校のうち、京都高等工芸、熊本高等工業、仙台高等工業と並ぶ大規模校であった。

名古屋高等工業の七学科は第一部であって、同校には第二部として機械工学、電気工学、工業化学、土木工学、建築学の五学科があり、これを加えれば断然全国第一位の規模となる。この第二部は同校を特色づけるものであって、その歴史は古い。

当初は修業年限一年の工業補習学校として始まり、一九二二（大正一一）年に二年制の高等夜学部となり、さらにその翌年には三年制に延長して、一九四二（昭和一七）年には四年制の第二部となった。もともと工業徒弟に簡易な科目制の専門教育の補修をする目的で設けられたものであるが、高等夜学部に組織替えしたころから学年制の夜間授業で本科に準ずる専門教育を行うところとなり、地元民の人気を集めた。

戦時体制下の技術者不足の時代には他の高等工業学校にも二部制が導入されたが、名古屋のそれは他校に比べて大規模であり、実績を有していた。ちなみに、一九四二（昭和一七）年の時点では、六校に第二部が設けられていて、学科数は一科（京都高等工芸、東京高等工芸）、二科（広島高等工業）、三科（神戸高等工業、大阪高等工業）に対して、名古屋の五科はその充実ぶりを示している。紡織学と航空工学を除けば第一部と対等の学科構成となっていたし、第二部は夜間毎日四時間の授業ではあったが、修業年限は一年長く、卒業すれば本科（第一部）と同一の資格が与えられた。

名古屋高等工業学校夜間部（第二部）の卒業生は、一九三五（昭和一〇）年に本校の同窓会組織である名古屋工業会から独立して名古屋工業協会を結成した。その間工業会側と夜学部側の代表が協議の上、別個の団体として相提携することで話がまとまった。その際の「理由書」には、「翻って夜学部に就て考へますに、大正十二年第一回卒業生が社会に出でられて茲に十一年、卒業生数は現在七百三名で、大正四年に名古屋高等工業学校同窓会が生れた当時と彷彿たるものがあります」と記されている（『名古屋工業協会々報』第一号、一九三六年）。この七〇三名のうち四六二名は名古屋に在住していると記されているところから見て、地元の工業界で活躍していたものと思われる。

夜間部を含めて名古屋高工全体の卒業生の就職状況については、一九三〇（昭和五）年の創立二五周年の記念誌の中に一卒業生による集計の報告が出ている。それによれば、二五八九名中、中部地方の就職者は一一〇五名、率にして四三％である。これに次ぎ関東四三二名、近畿四一〇名であって、集計者の言では、「名古屋を中心として東京から阪神に至る表日本は全く母校卒業生を以て固められ心強い次第である」と言う。

なお、名古屋には、大戦末期の一九四三（昭和一八）年になって県立の高等工業学校が設けら

れたことに言及しておきたい。県立の中川工業学校に併置して、機械と電気の二科から成ってい
た。重工業地帯となった名古屋地方における生産増強を担う人材養成ということが県会の意向で
あって、文部省に出した設置申請書には、「本県ハ中部日本ニ於ケル枢要ナル工業地区ニシテ之
等高級技術者ヲ要望スルコト最モ緊切ナルモノアリ」とある（『文部省簿書』「設置廃止許認可文書
愛知県立高等工業学校」）。

戦災によって新築中の校舎が焼失したため、見るべき成果は少なかったけれども、県内に官立
と県立の二校の高等工業学校が出現したことは戦後の教育改革に影響した。すなわち、新制の名
古屋大学と並んで名古屋工業大学が設置される一因になるからである。九州大学工学部とは別に
旧明治専門学校を母体とする九州工業大学が出現した事情と似ている。

名古屋高等商業学校

一九二〇（大正九）年、日本で六番目の高等商業学校が名古屋に設けられた。松山市や静岡市
の誘致競争に勝利した末であって、県市あげての強力な支援が功を奏した。創設費の地元負担は
追加分を含めて六六万余円に達した。一九一七（大正六）年の愛知県会において松井茂知事の誘
致に乗り出す決意を表明した演説の中には次のような一節がある。

「愛知県ノ如キ地ノ利ヲ占メテ居ル所ハ、大学デモ各種ノ高等教育機関デモ総ベテ揃ツテ居ナケレバ互ニ比較研究上大ニ不便ヲ覚エル次第デアリマス。殊ニ今回ノ欧州戦乱ノ跡ニ鑑ミマスルト益々各種ノ事業ハ互ニ提携セネバナラヌコト丶相成リマシタノデ、教育ノ如キモ各種ノ高等専門学校ガ此地ニ設ケラレルト云フコトハ時代ノ要求デアラウト存ジマス」（『名古屋大学五十年史通史一』）。

名古屋高等商業の初代校長に渡辺龍聖が就任して、アメリカ留学の経験を生かした実用的、実践的教育をなしたことについては前述した。他校にはない特色ある学科目を設け、そのための施設や教授陣を整えた。

この教育内容面の特色に加えて、同校のもう一つの大きな特色は、一九二四（大正一三）年に創置された商工経営科である。東京高等商業学校では、一八九七（明治三〇）年に専攻部規程を設け、本科卒業生にさらに二か年の高度の専門教育を受けさせ商業学士（のち商学士）の学位を与えていて、それが商科大学への昇格の実績になった。これに比べると、名古屋高等商業の商工経営科は実業専門学校の卒業者に一か年の教育をなすという点では程度は低かったけれども、渡辺の目ざす商工連携の教育を目的にしたことに特色が出た。文部大臣への設置申請書には次のような一文がある。なおこの文書には、設置にかかる経費は全額地元が負担するという県知事の寄付申請書も添えられた。

「名古屋市ハ中部日本ノ中枢東西三府ノ中心ニ位シ、海陸ノ交通至便、動力豊富ナルト共ニ、全国無比ノ沃野タル濃尾平野ヲ控へ、商工業地トシテ最モ適当ナル所ナリ。而モ資源豊ニ、金融機関完備シ、資本又潤沢ナルヲ以テ更ニ適当ナル人材ヲ得バ当地方産業ノ興隆期シテ待ツベシト信ズ」（『文部省簿書』「学則規則許認可文書名古屋高等商業学校」）。

商工経営科の初定の学則では、必修科目を、生産経済学、経営財務、産業能率、工業原料学、経済数学、統計学、産業心理学の七科とし、これに八科の選択科目を加えた。さらに特別指導として、「必修学科目中特ニ一学科目又ハ二学科目ヲ選ミ指導ヲ受ケシムル」ことにした。授業担当者は高商の本科の教授である。渡辺校長を中心とする教授連によって考案されたものであって、これだけの構想の商工連携策は、他の高等商業、高等工業には見られない。

入学資格は二種類あって、その一は修業年限三か年以上の実業専門学校の卒業者であり、その二は「三年以上実業ニ従事シ且相当ノ学力アリト認ムル者」である。さらに加えて、「本校ニ於テ適当ト認メタル商工団体ヨリノ依託生ハ一定数ヲ限リ詮議ノ上入学ヲ許可ス」とした。いずれも一年間の課程を終えると前者は卒業生、後者は修業生とした。商工経営科の卒業生と修業生数は、当初は年間二〇名程度であったが、その後徐々に増え、一九三六（昭和一一）年は四九名、三七年は四七名と四〇名台になった。

表1　名古屋高等商業学校卒業生就職状況（昭和17年5月）

	本科	商工経営科	計
商工業・会社・商店	2,075	114	2,189
銀行信託・金融組合	394	16	410
自家営業	249	17	266
官公署	198	8	206
学校　中等学校	146	11	157 ┐191
学校　その他	30	4	34 ┘
上級学校進学	114	51	165
その他	408	72	480
死亡	318	11	329
計	3,932	304	4,236

名古屋高等商業学校全体の入学生・卒業生数の変遷について見ると、創立当初は全国各地から入学者が集まったけれども、昭和期に入って他の官・公・私立の高等商業学校数が増加するにつれて地元の中等学校からの進学者が増加した。ちなみに、昭和十年度の同校の『一覧』では本科と商工経営科の在校生七八七名中愛知県出身者は二九九名、率にして三八％であったものが、昭和十七年度の『一覧』では在校生七二六名中愛知県出身者は三一一名で四三％に増える。このうち本科生の出身校は、愛知県の場合、商業学校よりも中学校のほうがやや多いものの大きなちがいはない。昭和十七年度は同校の最後の『一覧』であって、この年の五月までの卒業生数（死亡者を含む）は、本科三九三二名、商工経営科三〇四名である。それら卒業生の就職状況は表1のとおりである。圧

倒的多数が商工業の実務に従事していることが分かる。

名古屋高等商業学校には、上に述べた商工経営科のほかにもいくつかの特色がある。例えば、一九二九（昭和四）年に、設けられた商業専修科がそれであって、「中等学校ノ卒業者ニシテ現ニ又ハ卒業後直チニ自家経営ニ従事スル者」に対して、「商工業ノ自家経営ニ須要ナル知識技能」を授けることを目的とした。修業年限一か年、定員一五名以内とした。高等商業学校のエクステンション事業であって、これは他校にも事例がある。もう一つは、一九四一（昭和一六）年の学則改正による新しい試みであって、第三学年に週五時間の「特殊学科目」を授けることにした。生徒に、商業分野、貿易分野、工業分野のうちから一科を選択させて履修させた。このうち、工業分野は、工場管理論、作業学、材料実験、能率実習の四つの学科目から構成されていた。商業の専門学校とは思えないほど工業に接近している。一九四四（昭和一九）年になると、同校は長崎高等商業および横浜高等商業と並んで工業経営専門学校に転換させられた。

市立の商業学校

全国の商業学校は、工業学校や農業学校とちがって、市立校か私立校として創設されたものが多い。ちなみに一九四二（昭和一七）年の文部省の『実業学校一覧』から算出してみると、市立校一五二校、私立（法人立）校一四〇校、府県立校一二四校の順になる。府県別に見れば、大阪府では二三校、府全体の五一％を占め、それに次ぐのが愛知県一一校、県全体の三八％は市立校である。市立校の中には、当初は府県立として建てられたものが途中で市立に変更されたものも含まれる。市立校の創立年の古いものとしては、京都市立、長崎市立、大阪市立の商業学校が有名である。

愛知県の商業学校は、東京、神戸、岡山、大阪、横浜、新潟などより少し後れて、一八八三（明治一六）年から始動した。県会議員奥田正香ほか一二名の有志によって名古屋区立商工学校の認可を得たのがその発端である。市制発足以前のことであったため名古屋区立校とし、しかも商工学校となっていた。しかし、一八八四（明治一七）年の「商業学校通則」では商工学校の定めがなかったため、県立の商業学校を設けることに変更して認可を得た。県令に提出された上申書には次のような一文があり、当時の名古屋の状況を窺い知ることができる。

「当名古屋ノ地タルヤ商工業ニ従事スルモノ殆壱万五千戸アリ。之人ノ所謂三府五港ニ伯仲スル地位ナレバ右校御設立相成至当ノ場所ニシテ、且前顕ノ営業者ニ於テモ必用ノモノニ有之」「更ニ県立ヲ以テ商業学校御設置、自今区郡地方税ヲ以テ維持相成候ハヾ事業一層拡張シ一般ノ供益ト可相成」（『愛知県教育史資料編近代一』）。

しかし、一八八九（明治二二）年の県会では、市制をしいたばかりの名古屋は抵抗したけれども、費用出費の関係上市立への変更を決定した。一八九三（明治二六）年に教諭となり、四年後校長となった市村芳樹は独自な教育方針で同校の発展に寄与した。彼は母校である一橋の東京高等商業学校の創業者矢野二郎の思想を受けつぎ、母校の後盾を得ながら名古屋商業学校を天下の名門校に育て上げた。

市邨校長は、生徒や卒業生を奮起させ、かつ市民の支援を得るため、事あるごとに行事を開催した。一九〇三（明治三六）年の創立二〇周年、一九〇八（明治四一）年の二五周年、一九一四（大正三）年の三〇周年の記念行事などである。特に三〇周年のそれには一橋の関係者も多数列席し、中でも渋沢栄一の演説は感動を呼んだ。一橋の同窓会である如水会の幹事である藤村義苗は、「我邦商業教育の根芽は多年培養の効に加ふるに時運自然の発展を以てし、漸く今日の成長を見るに至れり」と祝詞を述べた（東京高等商業学校『同窓会誌』第九三号、一九一四年）。

名古屋の市立商業学校は、当初は県立を希望して果たせなかったという曲折はあるものの、その後は市立校として実績を収めるに伴って、市民の支援をかち得た。開校時は一五〇名で出発し、以後逐年増員されて、一八九七（明治三〇）年に三〇〇名、一九〇一年には八〇〇名、一九一八（大正七）年には一二五〇名の大規模校となった。

年々定員の二倍を超える志願者が集まったため、名古屋市としてはその要望にこたえるために、一九一九（大正八）年には市立の第二商業学校を、一九二四（大正一三）年には第一商業に付置して夜間授業の第三商業学校を、そして一九四〇（昭和一五）年には第二商業に付置する第四商業学校を設けた。この第四商業には前史があって、はじめ一九三八（昭和一三）年に夜間授業の市立児玉専修学校（尋小卒三年）として設けられ、本科と支那科を置いたが、二年後に高小卒修業年限四年の正規の夜間制商業学校に変更した。その変更に際して名古屋市長が文部大臣に対して出した申請書の一節には次のような文言があり時代に即応して商業教育を改変する意図が表明されている。

「抑々商業教育ハ商業ノ発達ニ即応シテ制度内容ヲ定メ、産業発達ノ原動力トナリ先駆ヲナサザルベカラズ。故ニ産業ノ発達ト無関係ニ商業教育施設ヲ為スコトハ無意味ナリ」（『文部省簿書』「設置廃止許認可文書商業学校愛知県」）。

愛知県の市立一一校の商業学校は、県内各地に分散していたことも特長である。大阪府の場合二三校を数えたが、堺市立三校、岸和田市立一校を除く一九校は大阪市立であるのに対して、愛知県では、豊橋市立三校、岡崎市立二校、半田市立一校を除く五校が名古屋市立である。ちなみに京都府の市立六校はすべて京都市立であり、兵庫県の市立七校のうち五校は神戸市立である。

愛知県では県内の各市が商業教育に熱意を示したことになる。

県立の工業学校

京都府のように、市立校の多いところは例外として、全国の工業学校は府県立として誕生し発展した。前身校を除いて正規の工業学校を設けた府県を年代順に挙げると、一八八七（明治二〇）年の石川県を先駆にして、一八九四（明治二七）年の富山県、九五年の栃木県と東京府、九六年の福岡県、九七年の山形県、九八年の岩手、佐賀、熊本の各県につづき、一九〇一（明治三四）年の愛知県となるので、早いほうではない。愛知県では、その二年前から有力県議と沖守国知事が協議して県立工業学校の計画が進められ、ゴキソ（御器所村）に柴田才一郎校長を迎えて開校の運びとなったことについては前述のとおりである。

愛知県立工業学校の特長は、明治期に、県の伝統産業である繊維と窯業の振興を目的とする二種類の学校が設けられたことである。

第一の繊維産業に関係するのは、一九〇一（明治三四）年創立の上記の県立工業学校であって、この分野の権威者柴田才一郎の指導のもとで順調に軌道に乗った。同校より四年後に創立された官立の高等工業学校とも実習工場の共用など、他に例を見ない連携関係の成立に成功した。県立工業学校の五〇年史は次のように業界への貢献を評価しているが、その通り受け止めるべきであろう。

「柴田校長は、他の教員と協力のもと学校の整備に力める一面濃尾織物の改善進歩に貢献し、進んで内地向毛織物の創案や服地製産指導、更に洋行によって得た新知識で独乙その他の国の斬新な機械を設備し、恰も本校は其頃なかった工業指導所・試験所のような使命をも果し、率先業界を啓発した」（愛知県立工業高等学校『愛工五十年史』一九五五年）。

柴田校長は、地元の要請を受け止めて、県立工業の最初の学則を定めた。当初は染織科、図案科の二科に予科を加え、二年後の学則改正では予科と本科（機械科、色染科、図案科）に改めた。これより先、足利、伊勢崎、桐生、八王子、京都、奈良などの機業地ではまず講習所が設けられ、それが母体となって、京都は一八九四（明治二七）年に市立染織学校が、その翌年には足利に栃木県工業学校が、それより後れて一九〇一（明治三四）年に奈良県工業学校、一九〇三（明治三六）年に東京府立織染学校などが設けられた。愛知県は講習所を経ずに工業学校の設置となったが、開校後の県立工業学校は試験場や講習所などの機能を果たし、地域の染織産業と密着していった。

第二の窯業産業の県立学校は、繊維のそれより後れ、その間に多くの曲折があった。愛知県の窯業教育は瀬戸と常滑の窯業地において明治一〇年代半ばに研究所としてスタートしているので、繊維教育よりも歴史は古い。正規の県立工業学校となるのは、瀬戸は一九一一（明治四四）年、常滑はさらに後れて一九二〇（大正九）年のことであって、そこに至る経緯は複雑である。以下にその概略を記してみる。

研究所として動き出したのは常滑が先である。早くも一八八三（明治一六）年には地元の業者が常滑美術研究所を設け、工部美術学校でイタリア人教師ラグーザ（V. Ragusa）の指導を受けた内藤陽三と寺内信一を雇い、新しい技術の開発を始めた。しかし、経費難のため維持が困難になったため、一八八八（明治二一）年に閉鎖となったが、常滑にともされた窯業教育の灯は一八九六（明治二九）年に開校された常滑工業補習学校へと繋がり、一九二〇（大正九）年に県立工業学校に昇格した。その後のことであるが、一九三五（昭和一〇）年に文部省への申請書には、「地方ノ実情ニ即シ適切ナル教育」を施したという実績を次のように記している。

「本校ハ明治三十三年以来所謂乙種工業教育ヲ実施スルコト茲ニ三十四年、卒業生ヲ送ルコト七百五十八名ニ達セリ。此三十四年間ニ於ケル我製陶業ノ発展ハ寔ニ驚異ノ外無ク就中最近ノ進歩ハ最モ顕著ナルモノアリ」（『文部省簿書』「学則規則許認可文書工業学校愛知県」）。

常滑に比べれば瀬戸の学校は規模も大きく、明治末年には県立工業学校となった。瀬戸金と称する産業奨励の別途積立金を使って地元の陶業家たちによる研究会が設けられ、それが発展して一八九五（明治二八）年に徒弟学校が作られ、文部省からの補助金も交付された。窯業界の重鎮である北村弥一郎が初代校長に迎えられた。北村は蔵前の出身ながら、後にその研究業績により蔵前初の工学博士となった碩学である。第三代校長にも窯業研究の著名人黒田政憲が就任した。彼も蔵前の出身で『実用製陶学』の著書をもつ。黒田の時代の最大の課題は石炭窯の築造であって、「黒い石炭で白い瀬戸物を焼く」と揶揄され、学校廃校論まで出る中で一九〇二（明治三五）年にその石炭窯の築造にこぎつけた。

瀬戸陶器学校は、一九〇九（明治四二）年に最初の『一覧』を発行し、学校の方針を次のように記した。イギリスと同じように当時の窯業界で慣習化されていた年季徒弟に対してその限界を指摘し、学校教育に取り換えると記したことに注目したい。

「抑従来技術者養成法トシテ行ハレタル年季徒弟ノ制ハ、大抵秩序アル教育ニヨルニ非ズシテ、其始メ多クハ使命ニ走リ雑役ニ従ヒ傍ラ見聞ニヨリテ技術ヲ知得スルヲ常トスルヲ以テ、勢多ノ歳月ヲ徒費シ、而モ其技術習熟スルニ至ルモ普通学ノ知識ヲ得ルノ便ヲ欠ケルガ故ニ、常識ニ欠ケ研究心ニ乏シク趣味ヲ欠ケル平凡ナル職工トシテ終ルヲ常トス」（『愛知県立瀬戸窯業高等学校八拾年史』）。

教育内容の性格上、常滑と同じように生徒数は多くなく、最初のころは生徒募集に難渋した。しかし、この『一覧』を出した年の生徒数は八六名であり、県外生一八名を数え、その中には四名の清国人と三名の韓国人を含んでいたことは、国内外にその稀少価値が知られていたことになる。その後県内の入学生も増えて、この『一覧』の出た年までの卒業生数一〇五名であったものが、大正末年には四四六名となった。卒業生の就職先は、自営、会社、工場など実業に従事する者が圧倒的に多く、特に自営業が半数以上を占めた。

焼き物の世界では、瀬戸ものと唐津ものが日本の二大産品であった。唐津ものの生産地は佐賀県の有田であり、唐津港から搬出されたのでその名で呼ばれた。この有田には明治のはじめドイツ人ワグネルが訪問指導したこともあって、早くも一八八一（明治一四）年には勉脩学舎と称する教育機関が設けられたが、瀬戸や常滑と同じように一旦中断したあと、一八九五（明治二八）年に徒弟学校として再開し、一九〇〇（明治三三）年には県に移管されて佐賀県立工業学校有田分校となり、さらに一九〇三（明治三六）年に独立して佐賀県立有田工業学校となった。名は工業学校であっても純然たる窯業の学校であった。

興味あることは、瀬戸と有田の教育には人的なつながりがあることである。佐賀県立有田工業学校の独立には、県立工業学校の校長納富介次郎が大きな役割を果たした。納富は日本の工芸教育の父と称される人物で、石川、高岡、高松の工芸学校の初代校長をつとめたあと郷里の佐賀に戻り、まず県立工業に有田分校を設けた。その教諭には寺内信一を教諭に迎え、分校の独立時には寺内を校長にした。寺内は、前述したように常滑美術研究所を経て瀬戸陶器学校の教諭をつとめ、愛知県と関係深い人物である。寺内の後任には、瀬戸陶器学校の校長をつとめた黒田政憲が就任した。

なお、濃尾平野には、瀬戸に隣接した岐阜県の多治見には美濃焼と称する窯業地があり、ここでもはじめ土岐郡立陶器学校が設けられ、それが多治見に移され県立の多治見工業学校となった。

県立の農業学校

全国的に見ると、農業学校は、県立か、郡立か、または複数の町村が集まって学校組合を作り組合立とするかの三つの方法が多い。愛知県ではまず郡立校が作られ、直後に県立校が設けられた。郡立校は一八九九（明治三二）年に知多郡農学校として開校し、後述するように郡制廃止後県に移管されて愛知県半田農学校となった。それから二年後の一九〇一（明治三四）年に初の県立校として安城農林学校が設けられ、全国にその名を轟かせるようになるが、他府県に比べれば、その創設は大きく後れた。ちなみに、早い順から言えば、一八八一（明治一四）年の鳥取、一八八五（明治一八）年の宮城と山口、八六年の石川の諸県が先行し、愛知県のそれはうしろから数えて八番目であった。

愛知県では、明治三二年から三三年の交、県議会において名古屋に工業学校を、三河の安城に農業学校を設けることの提議がなされ、ようやく一九〇一（明治三四）年にそれが実現した。

校長に内定していた山崎延吉は、まず愛知県技師になり、上京中の沖守国知事と協議のうえ教員人事に着手した。第一高等学校から駒場の農科大学を出た熊谷八十三を教頭に、以下六名の優秀な人材を教諭に採用することを決めた。同年一〇月に、碧海郡農会事務所を仮校舎とし授業を開始した。学科は、農科と林科、それに予科を加え、農科五〇名、林科一五名、予科四五名の入学生を得た。

開校して一〇年経った一九一一（明治四四）年に同校は『創業録』を刊行し、山崎は「創業時代の追想」と題する巻頭文で当時の苦労を語っている。敷地は手に負えない森林原野であり、そこを整地して校舎、寄宿舎などを建てた。特に苦労したのは農業教育に不可欠な農場の整備であって、山崎校長は教職員や生徒を動員して自ら作業に従事した。さらに苦労したのは演習林の確保であったが、地元の有力者の支援で何とか解決できた。加えて教育面では、「当時の生徒は非常にゴッチャで三〇以上の者や一五、六の者もおった」が、それを一つにまとめることに腐心した。山崎は、学校を一家族のようにし、自由で開放的な雰囲気づくりに心がけた（『安城農林百年史』）。

安城農林学校において、山崎は輩下の教員にも影響を与えた。開校当初から教頭をつとめた熊谷八十三は、駒場の三年後輩であって、一九〇八（明治四一）年に東京府が初めての府立園芸学校を設けたときその初代校長に就任した。山崎の思想的感化を受けた人物に加藤完治がいる。加藤は、東京帝国大学の工科大学から農科大学に転じた異色の経歴の人物であって、一九一三（大正二）年に山崎に招かれて安城農林の教諭となり、二年後には山形県立自治講習所長に就任した。欧米視察から帰国後の一九二六（大正一五）年には茨城県内原村に日本国民高等学校を創立し、独自な農本主義思想を唱道するとともに満州移住の青年教育を実行した。

安城農林学校は全国的に有名になり、参観者が殺到した。入学者も全国各地から集まり卒業生数は一九〇四（明治三七）年から一九二二（大正一一）年までだけでも、農科三八九名、林科三〇二名、実習科六六名を数えた。その中には、学術界、教育界、実業界、政界などで活躍する者も出た。安城市長は歴代同校の出身者であった。

しかしながら、愛知県は農業県と称されながら、県立校は長らくこの一校だけであった。一九二三（大正一二）年になって、前述した知多郡農学校を含む四校の郡立校が郡制廃止によって県に移管され、この年に県立が五校となった。この校数を多いと見るか少ないと見るかは見解のちがいとなるが、少なくとも三府よりもその数は多いので、農業県愛知の農業教育はなお健在であったと見るべきであろう。安城が日本のデンマークと称されるようになるのに農林学校の果たした役割は大きいからである。

6　戦前期の到達点

産業教育の地域間格差

戦前期の産業教育は、国家や産業界からの圧力や要請を受けて大きく拡張したが、これを都道府県別に見ると、高等・中等の学校数においても、また産業分野別の学校数においても大きな差異が生じた。その原因を明らかにするためには、学校の創立経緯やそれを経営する教育家の力量や学校を選択する親や生徒の意識などを丹念に調査するしかない。著者は、これまで全国の工業、農業、商業の高等および中等の教育機関の成立と発達の地域特性を調査し、その中の特長的な学校や教育家についての記述を進めてきたが、本書ではその中の愛知県に焦点づけて少し考察を広めてみたい。

まず、高等産業教育の場合、特に官立学校は文部官僚によって地域への適正配置がなされた。その際、誘致を希望する地域の寄付金額に表明される熱意度も配慮された。この点における文部官僚の見識は、例えば真野文二の発言によって証明される。真野は工部大学校を卒業後工科大学教授、九州帝国大学総長をつとめたが、一時期実業学務局長として辣腕を振るった時期に、「地方的観念又は地方政争等の弊」を避けるべきことを説いた。

「学校建設の位地は又大に教育の盛否に関する重要の問題にして、重に教育の目的、交通の便否、経済上の利否等を標準として選定せざる可らず」（『実業時論』第三巻六号、一九〇三年六月）。

文部省の直轄する産業系の大学と専門学校の一九四二（昭和一七）年現在の地域配置状況を見ると東京府が六校、北海道が四校、京都府と福岡県と並んで愛知県は三校となっている。名古屋高等工業、名古屋高等商業、名古屋帝大理工がそれである。大阪府は二校であるが、市立校二校を加えれば四校となる。私立校になると、半数以上は東京に集中し、関西圏がそれに続いているけれども愛知県には存在しない。

次に、中等産業教育の場合は、文部省は都道府県から出された設置申請に対する許認可権を行使すること以上の介入はしていないため、地域の自発性が大きな要因となり、結果的に著しい地域間格差が生じた。

一九四二（昭和一七）年の時点では、工業学校数は、東京都が三三校、大阪府が二六校で、愛知県一四校は三位につけている。工業教育の先進県福岡の一二校より上である。しかし、茨城、福井、宮崎、沖縄の四県ではわずか一校にすぎない。

商業学校数は、私立校の多い東京府の九一校は例外として、大阪府の四五校につぎ愛知県は二八校の三位であり、商業教育の先進県兵庫の二三校を上回る。下位を見ると福井と奈良の二県は二校である。

農業学校数は、大都市圏に少なく、全国的に見れば比較的満遍なく設置されたこともあって、愛知県の順位は高くはない。農業教育の先進地長野県は他を圧して三二校、千葉県の二七校がこれに続き、新潟と静岡の両県が一八校、埼玉県一六校、福岡県一五校、茨城県と岡山県と熊本県の一三校、北海道と鹿児島の一二校のあと、愛知県は一一校、全国一二位となる。しかし、東京府七校、大阪府三校に比べれば大都市名古屋をかかえる県としては好位置につけていると見るべきであろう。

ここで、一九四二（昭和一七）年を区切りにしたことには理由がある。文部省は一九一七（大正六）年から毎年『実業学校一覧』と題する報告書を刊行してきたが、太平洋戦時下の昭和一七年度版を最後に中断した。その後産業教育に対して大きな改編を迫ったためであり、従って敗戦とその直後までの文部省の公式の記録は残っていない。この期の一大転機は、一九四三（昭和一八）年一〇月の閣議決定であって、それまでの産業教育を根底から覆すことにしたことである。一言でまとめれば、商業教育の大縮小と工業教育の大拡張である。男子商業学校は工業学校に、それが不可能のときは農業学校に転換することを強制された。この政策は高等教育にも及び、名古屋高等商業学校は工業経営専門学校と名を変えさせられた。この転換も都道府県において遅速の差があり、積極的に国策にこたえたところとそうでないところがある。

敗戦時における中等実業学校数の正確な数は分からない。著者は、国立公文書館に保管される学校の設置廃止に関するぼう大な量の簿書（文書綴）を調べた結果、一九四四（昭和一九）年には、一挙に二八三校の工業学校が新設され、少なくともその中の二四五校は商業学校からの転換であった。愛知県では、記録で確認できるところでは、一九四二（昭和一七）年以前に設立された商業学校のうち、市立六校、県立二校が工業学校に、県立一校が農業学校となり、私立二校には女子部が加設された。全国的に見れば、公立の商業学校が工業学校に転換したのは、大阪府と兵庫県が九校、岡山県八校、福岡県七校に続いて愛知県ほか三県が六校であった。私立校の多い東京都（昭和一八年七月都制施行）は二八校もの私立商業学校が工業学校に転換したが、愛知県には募集停止はあったものの転換の事例は確認できない。

工業教育

愛知県の伝統産業である繊維業と陶磁業を近代化するために工業教育が緒についたことは前述した。繊維業は斯界の権威である柴田才一郎が主導して、一九〇一（明治三四）年に県下初の県立校として愛知県工業学校が設けられた。窯業は早くから地元有志による研究会が開かれ、瀬戸と常滑の町立の徒弟学校となり、時代は後れたが、瀬戸は一九一一（明治四四）年に、常滑は一九二五（大正一四）年に県立の工業学校となった。

大正年間に入ると尾張の北西部の尾西と三河の岡崎に繊維系の工業学校が誕生した。尾西では、一九一五（大正四）年に織物業者の支援で織物学校が設けられ、一九二〇（大正九）年に町立の愛知県起工業学校となり、一九二三（大正一二）年に県に移管された。卒業生は織物、染色などの業界に出た。岡崎のそれは一九一二（明治四五）年発足の私立工芸学校が一九二四（大正一三）年に私立岡崎工業学校と名を変え、一九三八（昭和一三）年になって県立校となった。県に移管された年に各種学校から工業学校に昇格し、応用化学、染織、機械の三科構成となった。その翌年には応用化学を充実させるため夜間授業の第二本科が増設されたが、その申請書には昭和期に入って繊維産業が大きく変容している状況を記した次のような一文がある。

「歴史的伝統をもつ繊維工業部門の製絲、製綿、織布、紡績などの諸工場建設され、次でレーヨンの大工場興り、之に伴ひて化学工業部門の各種工場も陸続建設さるゝの隆運に向ひつゝある現状にあり」（『文部省簿書』「学則規則許認可文書工業学校愛知県」）。

愛知県の工業は、繊維業から転じて機械、鉄鋼、自動車、航空機などの重工業へと切り替わっていくと、そのための学校が設けられた。名古屋市立の次の三校の工業学校はその推移を物語っている。

その一は、一九一七（大正六）年創立の名古屋市立工芸学校であって、当初は木工科、図案科、金工科で出発したが、その後学則改正を繰り返し、一九四二（昭和一七）年の時点では、木材工芸、金属工作、電気、図案印刷、応用化学、建築、機械の総合的な工業学校となった。加えて、一九三四（昭和九）年には夜間授業の建築、精密機械の二科を設けて、本科の生徒定員一二五〇名、第二本科四〇〇名の大規模校となった。

その二は、一九三六（昭和一一）年創立の名古屋市立機械専修学校であって、乙種程度の工業学校で、当初は上記の名古屋市立工芸学校に併置して夜間授業をなしたが、一九四三（昭和一八）年に名古屋市立機械工業学校と改称、甲種程度となった。

その三は、一九三九（昭和一四）年創立の名古屋市立航空工業学校である。当初は上記の機械専修学校を仮校舎にして開校し二年後本校舎が落成した。その後一九四二（昭和一七）年には夜間授業の第二本科機械科を加設している。なお創立当初の学科構成は、高小卒修業年限三年で、設計、機関、機体の三科から成り、同市における航空機産業の勃興に対応せんとしたものである。文部省への申請書につけられた県知事の副申書には当時の工業事情について次のように記されている。

「輓近名古屋市ニ於ケル重工業ハ著シク発展シ、特ニ航空機製作ノ幾多大規模ナル工場ヲ有スルニモ拘ラズ之ニ従事スル技術者ノ養成機関無之タメ、今回本校ヲ設立セントスルモノニシテ、其ノ企図ハ極メテ適切、時宜ニ適シ且、亦現下国策ニ順応シタルモノト被認候」(『文部省簿書』「設置廃止許認可文書工業学校愛知県」)。

愛知県の工業教育で注目すべきことがもう一点である。それは企業立の学校が設けられたことである。一九三九(昭和一四)年に名古屋市の有力鋼鉄メーカーである大同電気製造所が五〇万円の基金を投じて大同工業財団を設立し、その事業として大同工業学校を開設した。本科は尋卒五年で機械科と金属材料科、第二本科(夜間授業)は高小卒四年で機械科と内燃機関科から構成されていた。その設置申請書には、企業が教育に乗り出す理由が記されている。戦前からトヨタをはじめとする企業が学校を設けたり支援したりするのは愛知県の特色となるため、その先駆とみなされる。

「我ガ名古屋市ハ今ヤ人口百弐拾有余万ヲ数へ我ガ国大都市第三位ニ在リ、工業ヲ以テ其主産業ト為ス。然ルニ市内ニ於ケル中等程度工業教育機関ハ漸ク公立ニ於テ三校、私立ニ於テ一校在ルノミ」「大同工業学校ヲ設立シ青年子弟ノ工業教育ヲ受ケムトスル喫緊熾烈ナル希望ヲ充足セシムル

表2　敗戦時における愛知県の工業学校

番号	名　称	設立者	認可年月	沿革摘要
①	愛知県窯業学校	県	明28.2	当初は町立、明44.3県立移管、愛知県立陶器学校、大9.3愛知県立窯業学校と改称、大11.2改称
②	愛知県常滑工業学校	県	明28.12	常滑町立陶器学校、大14.2県立移管、愛知県常滑陶器学校と改称、昭10.3改称
③	愛知県工業学校	県	明34.9	愛知県立工業学校、昭19.3愛知県工業実務学校（昭10創立）と愛知県夜間工業学校（昭14創立）を吸収合併
④	愛知県起工業学校	県	大4.1	当初は起町立織染学校、大12.3県立移管改称
⑤	名古屋市立工芸学校	市	大6.2	昭19.3名古屋市立第一工業学校と改称
⑥	名古屋工業学校	法	昭4.6	法人・名古屋工業学校
⑦	愛知県工業実務学校	県	昭10.6	
⑧	名古屋市立機械専修学校	市	昭11.1	昭18.3名古屋市立機械工業学校と改称
⑨	名古屋市立工業専修学校	市	昭11.3	
⑩	愛知県岡崎工業学校	県	昭13.3	私立岡崎工業学校（各種学校）の県立移管・改称
⑪	大同工業学校	法	昭14.1	法人・大同工業教育財団
⑫	愛知県中川工業学校	県	昭14.2	愛知県機械工業学校、昭17.3改称
⑬	名古屋市立航空工業学校	市	昭14.3	昭20.10名古屋市立明徳工業学校と改称
⑭	愛知県夜間工業学校	県	昭14.3	愛知県工業学校に併置
15	愛知県一宮工業学校	県	昭19.3	愛知県一宮商業学校の転換、昭21.3廃止
16	愛知県碧南工業学校	県	昭19.3	愛知県碧南商業学校の転換
17	愛知県半田工業学校	市	昭19.3	愛知県半田商業学校の転換、昭21.3改組・転換、愛知県半田商工学校と改称
18	岡崎市立第一工業学校	市	昭19.3	岡崎市立商業学校の転換
19	岡崎市立第二工業学校	市	昭19.3	岡崎市立第二商業学校の転換、夜間授業
20	名古屋市立第二工業学校	市	昭19.3	名古屋市立第二商業学校の転換、昭21.3名古屋市立工芸学校と改称
21	豊橋市立工業学校	市	昭19.3	豊橋市立商業学校の転換
22	豊橋市立第二工業学校	市	昭19.3	豊橋市立第二商業学校の転換、夜間授業
23	豊川市立工業学校	市	昭20.2	
24	春日井市立工業学校	市	昭20.3	

〔備考〕

1）番号は設立認可の順に並べた。

2）番号の○囲みは、昭和17年以前の設置校であって、名称は昭和17年現在のものである。□囲みは昭和18年以降の設置校である。

3）設立者の法は財団法人立である。

4）沿革摘要で単に改称と記したものは標記名称を示す。

ト共ニ優秀ナル中堅工業技術者ヲ養成スル」（同上）。

敗戦時における愛知県の工業学校を一覧にしてみると表2のとおりである。戦時体制が強化された一九四三（昭和一八）年以降の設置は番号を□印で囲んである。商業学校からの転換校が目立っている。国策に従った結果であって、全国的に見てほぼ同一の傾向と言える。

農業教育

前記の工業学校は、名古屋市に集中して設けられたのに対して、農業学校は、全県下に、特に三河地方に幅広く拡散していた。最も有名になる、最初の県立学校は前述の安城農林学校であって、山崎延吉の教育実践は全国の注目を集めた。それに続く県立校は大正年間に蚕糸・紡績業の盛況を支えるべく、二校の蚕糸系学校が設けられた。

その一は、一九一八（大正七）年に東三河の南設楽郡新城町に設けられた愛知県新城農蚕学校であって、農科と蚕科で出発し、後に学則を改正して農業科、農蚕科、農林科とした。

その二は、翌一九一九（大正八）年に西三河の幡豆郡西尾町に設けられた愛知県立蚕糸学校であって、一九二二（大正一二）年に愛知県西尾蚕糸学校と改称された。この学校が県立校となる前には前史があって、一九〇九（明治四二）年に郡立の蚕糸学校として発足し、安城農林学校に次ぐ第二の甲種校であった。当初は幡豆郡立農蚕学校と称し、農科と蚕科のほか予科を置いていた。県立学校の設置と同時に廃校とされ、在校中の第二・第三学年は県立蚕糸学校に編入させられた。

一般に農業学校は県立よりも、地域社会の要望を受けて郡立とか学校組合立として設ける事例が多いが、一九二一（大正一〇）年に公布され二年後に施行と決まった郡制廃止の法律を受けて、郡立校が県立に移管される対応策が講じられた。例えば、福岡県はそれまで各郡に設けられていた郡立一三校が一九二三（大正一二）年に一挙に県に移管された。当初からの県立校はわずか一校であった。

愛知県でも農村部には郡立の乙種農業学校が設けられたが、一九二三（大正一二）年に県立校とされた。その主要なものは、一八九九（明治三二）年創立の知多郡立農学校、一九〇六（明治三九）年創立の西加茂郡立農学校、一九一三（大正二）年創立の宝飯郡実業学校、一九一四（大正三）年創立の中島郡稲沢農学校である。県に移管後は、知多郡立農学校は愛知県半田農学校と、西加茂郡立農学校は愛知県猿投農学校と、宝飯郡実業学校は愛知県蒲郡農学校と、中島郡稲沢農学校は愛知県稲沢農学校と改称された。

これらの県立移管校の中には、初の県立校である安城農林学校よりも起源の古いものも含まれる。前述した半田農学校は、一八九九（明治三二）年にまず知多郡簡易農学校として設立され、同年「農業学校規程」に準拠する知多郡農学校として認可され、一九〇一（明治三四）年に知多郡立農学校と改称したものの応募者が少なく一旦閉校したが、一九〇四（明治三七）年に再興された。それより歴史は浅いが苦渋の末県立校となった例もある。蒲郡農学校は一九一三（大正二）年の開校当初は宝飯郡立西部農学校と称し、一九一五（大正四）年に商業学校を加設して宝飯郡立西部実業学校と改称、さらに一九一八（大正七）年には愛知県宝飯郡実業学校となっていた。稲沢農学校は尾張地方の数少ない事例であって、一九一四（大正三）年に稲沢町立園芸学校として開校した。その創立に際しては安城農林学校の教諭として山崎延吉の指導と助言を受けて初代校長に佐藤喜太郎が就任した。山崎の助言で一九一六（大正五）年に女子部を設けたが、生徒定員が充足せずにその女子部は翌年に閉鎖された。

愛知県の農業学校は、安城農林学校を除けば特筆すべき特長は見当らない。地方における唯一の中等教育機関であったため女子にも開放したことや、農業科と商業科を併置したことなどは他県にもその例は多い。ただし、敗戦に至るまで、東京都は九校、大阪府は六校と大都市圏にその数が少ないのに対して愛知県では一六校に達したことについては注目すべきであろう。敗戦時における農業学校の一覧は表3のとおりである。

表３　敗戦時における愛知県の農業学校

番号	名称	設立者	認可年月	男女	沿革摘要
①	愛知県半田農学校	県	明32.3	男	知多郡立農学校、大12.3県移管、改称
②	愛知県安城農林学校	県	明34.9	男	愛知県立農林学校、大11.5改称
③	愛知県作手農林学校	村	明37.4	共	作手村立作手農林学校、大11.4改称
④	愛知県猿投農学校	県	明39.5	男	西加茂郡立農学校、大12.3県移管、改称、昭21.3愛知県猿投農林学校と改称
⑤	愛知県蒲郡農学校	県	大2.5	男	愛知県宝飯郡立西部農学校、大4.5愛知県宝飯郡立西部実業学校と改称、大8.9愛知県宝飯郡実業学校と改称、大12.3県移管、改称
⑥	愛知県稲沢農学校	県	大3.1	男	愛知県中島郡稲沢町立園芸学校、大10.7愛知県中島郡稲沢農学校と改称、大12.3県移管、改称
⑦	愛知県新城農蚕学校	県	大7.12	男	
⑧	愛知県西尾蚕糸学校	県	大8.3	男	愛知県立蚕糸学校、大11.4改称、昭19.1愛知県西尾実業学校と改称
⑨	愛知県岩津農商学校	県	大10.3	共	農・商併置、町立として設置、昭16.2県移管、昭19.3愛知県岩津農学校と改称
⑩	瀧実業学校	法	大15.1	男	農・商併置、私人立として設置、昭11.4法人立に変更、法人・瀧実業学校、昭19.2商業科廃止
⑪	安城女子職業学校	法	昭和2.3	女	職業学校として設置、法人・安城女子職業学校、昭19.1農業部、商業部の設置、農・商・職併置
⑫	愛知県田口農林学校	県	昭16.2	男	昭20.3女子部設置
13	愛知県三谷水産学校	県	昭18.2	男	県立水産試験場附設講習所の転換
14	愛知県鳳来寺女子農学校	県	昭19.3	女	鳳来寺高等家政女学校（私立）の県移管、転換
15	愛知県本郷女子実業学校	組	昭19.3	女	
16	愛知県祖父江女子農学校	県	昭20.3	女	

〔備考〕
1）前出表２に準じている。
2）設立者の組は学校組合立である。
3）男女の欄の共は共学校である

商業教育

愛知県の商業学校は、他府県にもその例が多いように、当初は名古屋の市立校として発足した。名古屋の市立校は、その後第二から第四校まで設けられたことは前述した。名古屋以外の市においても、名古屋にならって市立商業学校を設けたが、特に注目したいのは岡崎市と豊橋市の設けた市立校である。

西三河の岡崎市立商業学校は、一九〇二（明治三五）年創設の岡崎町立商業補習学校が一九一〇（明治四三）年になって岡崎町立商業学校（乙種）として改編されたことに端を発する。一九一六（大正五）年の市制移行後は市立となり、一九一八（大正七）年に甲種に昇格した。その際に定めた校則三則の中には、かつての三河武士にあやかって「有為の三河商士」という言葉が出てくる。一九四一（昭和一六）年には夜間授業の岡崎市立第二商業学校が併置された。

東三河の豊橋市立商業学校は、一九二二（大正一一）年の創立認可であるが、岡崎市のそれと同じように前史があった。県下二番目の一九〇六（明治三九）年に市制がしかれたが、市が動き出したのは大正一〇年ごろであって、同市にすでに設けられていた私立の商業学校を市に移管することを計画したが、協議がまとまらず、それとは別個に市立校を建設することにした。しかし、既設の私立商業学校は、遠藤安太郎によって一九〇六（明治三九）年創立という古い歴史をもつもので、その主意書には三河地方に商業学校設置の必要性を説く次のような一文が含まれている。

明治後半期の商業教育の事情を知るのに参考になる。

「機ヲ見ルニ敏ナル隣邦静岡県及三重県人ノ如キ実業学校ノ創設ヲ以テ最モ急務ナリトス。已ニ沼津ニ、静岡ニ、浜松ニ、四日市ニ何レモ公立商業学校ヲ創設セリ」「之ニ反シ三河ニ於テ主都タル吾豊橋ハ接続市街地ヲ合スル時ハ無慮三万人以上ニ及ベル人口ヲ有シ殊ニ其主タル生業ガ商工ノ途ナルニモ拘ハラズ未ダ実業教育機関ノ設備ヲ見ザルハ何タル遺憾ゾヤ」（『豊商八十年史』）。

市が商業学校の設置に乗り出すのはそれから一七年後のことである。豊橋市立商業学校は順調に発展し、一九三五（昭和一〇）年には夜間授業の豊橋市立商業専修学校を付設し、一九四一（昭和一六）年にはそれを豊橋市立第二商業学校と改称した。また一九三六（昭和一一）年には豊橋市立女子商業専修学校を開設したが、その時の申請書には同市が愛知県の第二の都市として発展していることを訴える一文がある。すなわち、綿糸や農産物などの「商取引ニ於テハ全国屈指ノ額ヲ示シ商業都市トシテ繁栄蔽フベカラザルモノ」あるが故に「女子商業実務者ノ養成」が喫緊の課題となっているというのである。同校は二年後には豊橋市立女子商業学校と改称した。なお女子教育については後述する。

一九〇八（明治四一）年に愛知県における最初の私立商業学校が開校した。市村芳樹による日

㉑	豊橋市立女子商業学校	市	昭11.9	女	豊橋市立女子商業専修学校、昭13.4改称
㉒	愛知県一宮商業学校	県	昭12.2	男	昭19.3愛知県一宮工業学校に転換、昭21.3復元
㉓	愛知県碧南商業学校	県	昭12.3	男	昭19.3愛知県碧南工業学校に転換
㉔	椙山女子商業学校	法	昭12.3	女	椙山女学校の転換、法人・椙山女子学園
㉕	名古屋市立第四商業学校	市	昭15.3	男	昭19.3廃止
㉖	名古屋市立前津商業学校	市	昭16.3	男	夜間授業、昭19.3募集中止、昭21.3再開
㉗	一宮女子商業学校	法	昭16.3	女	法人・一宮女子商業学校
㉘	岡崎市立第二商業学校	市	昭16.4	男	岡崎市立商業学校に併置、夜間授業、昭19.3岡崎市立第二工業学校に転換
㉙	愛知県貿易商業学校	県	昭16.6	男	昭19.3募集中止、昭21.3再開
[30]	瀬戸商業学校	法	昭18.4	男	法人・瀬戸商業学校、昭19.3瀬戸女子商業学校に転換
[31]	名古屋市立女子商工学校	市	昭19.3	女	商・工併置、昭21.3名古屋市立第一商業学校に転換
[32]	愛知県刈谷女子商業学校	町	昭19.3	女	愛知県刈谷女子実業学校（町立）の転換
[33]	愛知県内海女子実業学校	町	昭19.3	女	愛知県内海高等裁縫女学校（町立）の転換
[34]	愛知県福江女子実業学校	町	昭19.3	女	愛知県福江高等裁縫女学校（町立）の転換
[35]	愛知県田原女子実業学校	町	昭19.3	女	愛知県田原高等技芸学校（町立）の転換
[36]	熱田女子商業学校	法	昭19.3	女	熱田女学校の転換、法人・熱田女子学園
[37]	津島女子商業学校	法	昭19.3	女	津島実科女学校の転換、法人・津島女子商業学校
[38]	桜花女子商業学校	法	昭19.3	女	名古屋商業実践女学校の転換、法人・桜花女子学園
[39]	愛知常盤女子商業学校	法	昭19.3	女	愛知常盤女学校の転換、法人・愛知常盤女子商業学校
[40]	愛知県女子商工学校	県	昭20.2	女	愛知県実務女学校の転換、商・工併置

〔備考〕
1）前出表２および表３に準じている。
2）設立者の私は私人立である。

表４　敗戦時における愛知県の商業学校

番号	名称	設立者	認可年月	男女	沿革摘要
①	市立名古屋商業学校	市	明17.10	男	
②	名古屋女子商業学校	私	明41.3	女	私人・市邨光基（創立時は市邨芳樹）
③	岡崎市立商業学校	市	明43.4	男	岡崎町立商業学校、大5.10市移管、昭19.3岡崎市立第一工業学校に転換
④	愛知県商業学校	県	大8.3	男	
⑤	名古屋市立第二商業学校	市	大8.5	男	昭19.3名古屋市立第二工業学校に転換、昭21.3名古屋市立工芸学校と改称
⑥	享栄商業学校	私	大10.12	男	私人・堀栄二、昭19.2享栄女子商業学校に転換、昭21.3復元、女子部加設、法人・享栄学園
⑦	金城商業学校	私	大11.3	男	名古屋育英商業学校、昭10.12改称、私人・中野半左衛門、昭19. 3募集中止、昭21.3再開
⑧	豊橋市立商業学校	市	大11.12	男	昭19.3豊橋市立工業学校に転換
⑨	中京商業学校	私	大12.3	男	私人・梅村清明ほか、昭19.2中京女子商業学校に転換、昭21.3復元、女子部加設
⑩	東邦商業学校	法	大12.3	男	法人・下出教育報効財団
⑪	名古屋市立第三商業学校	市	大13.3	男	市立名古屋商業学校に併置、午後・夜間授業、昭19.4募集中止、昭21.3再開
⑫	名古屋市高辻商業学校	私	大13.3	男	名古屋商科学校、大14.9改称、私人・林聖叡ほか
⑬	名古屋第二女子商業学校	私	大14.11	女	私人・市邨光基（創立時は市邨芳樹）
⑭	瀧実業学校	法	大15.1	男	農・商併置、法人・瀧実業学校、昭19.2商業科廃止、昭21.3復元
⑮	愛知女子商業学校	法	大15.1	女	法人・愛知女子商業学校
⑯	安城女子職業学校	法	昭2.3	女	職業学校として設置、法人・安城女子職業学校、昭14.1商業実務科加設、昭19.1商業部設置、農・商・職併置
⑰	愛知県半田商業学校	市	昭8.3	男	愛知県半田商業専修学校（町立）の転換、昭19.3愛知県半田工業学校に転換、昭21.3愛知県半田商工学校に転換
⑱	愛知県岩津農商学校	県	昭10.3	共	町立、農・商併置、昭16.2県移管、昭19.3愛知県岩津農学校に転換
⑲	豊橋市立第二商業学校	市	昭10.9	男	豊橋市立商業専修学校、豊橋市立商業学校に併置、夜間授業、昭16.3改称、昭19.3豊橋市立第二工業学校に転換
⑳	名古屋市立児玉商業学校	市	昭11.3	男	名古屋市立児玉商業専修学校、名古屋市立第二商業学校に併置、夜間授業、昭15.3改称、昭19.3廃止

本初の女子商業学校であることについては前述した。その後、大正期に入ると私立の商業学校が設けられるようになった。一九二一（大正一〇）年創立の享栄商業学校はその先駆であって、創立者である堀栄二の経歴に注目したい。堀は、市立名古屋商業学校を卒業後アメリカに渡り、サンフランシスコのメトロポリタン商業学校に入学、さらにパシフィック大学商科に入学しマスター・オブ・アカウントを、カンザス州の州立ハウザム文化大学でマスター・オブ・ペンマンシップを取得した後、ヨーロッパ諸国を視察して八年ぶりに帰国した。名古屋に戻った彼は英習字簿記の教育を開始し、一九一五（大正四）年に享栄学校を設け、一八年に享栄貿易学校と改称、一九二一（大正一〇）年に享栄商業学校（甲種程度）に格上げした。タイプライターの教育で有名になる（『享栄学園七十年史』）。

享栄より二年後れて、一九二三（大正一二）年に私立の名門校となる中京商業学校が創設される。同校は戦後になって、短大、四大へと拡張する母体となるので後述する。

商業教育は、工業や農業の教育とちがって府県が乗り出すことは少ない。市立や私立にまかせるからである。例えば、宮城県、秋田県、京都府、大阪府、高知県、福岡県、鹿児島県、沖縄県には府県立の商業学校は存在しない。

愛知県もまた県立校の設置には消極的であった。一九一七（大正六）年の県会において松井茂知事は、商業学校の開設は「当分は市なり町なりの自治体に委せて差し支えないものと信じます」と発言していた。ところが県会において中学校と併せて甲種商業学校設置の建議案が採択されたため、翌一九一八（大正七）年の県会で松井知事は「市町村立を本位とする」という見解は変えなかったものの「名古屋市の如きは多少の例外」とすると発言した。かくして、一九一九（大正八）年に愛知県商業学校の設置が実現した（『愛商五十年史』）。一九三七（昭和一二）年に一宮と碧南の二校の県立商業が追加されるまで唯一の県立校であった。

この県立商業の歴代校長、初代の川田、第二代の岩崎、第三代の今村、第四代の川畑、第五代の神山は、いずれも一橋出身で市立商業の市邨芳樹校長の後輩であり、市邨に指導や助言を受けた。特に、「創設蔭の恩人」と称される第五代校長神山和雄は、市立商業で市邨の後任校長をつとめた後、県立商業に転じてきた。名古屋における市邨の影響力の大きさを物語っている。

戦時体制下に入ると、その末期の一九四四（昭和一九）年には、市立名古屋商業と愛知県商業の二校を除くすべての男子商業学校は工業学校または女子商業学校に転換した。このことは他府県と同じである。敗戦時における愛知県の商業学校は一二八頁に掲げた表4のとおりである。

女子の産業教育

どの府県にも共通することであるが、愛知県の女子中等教育機関の中核となるのは高等女学校であって、すでに明治期において、県立、名古屋市立、豊橋市立、岡崎町立の四校の公立高等女学校が設けられた。

これに比べると女子の産業教育は大きく後れて、市邨芳樹の創設した二校の私立女子商業学校から緒についた。その一は、一九〇七（明治四〇）年に市民の寄付をもとでに「各種学校規程」による女子商業学校を設け、それが翌年には「商業学校規程」による正規の商業学校となった。その二は、彼が市立商業の校長を退任する際贈呈された巨額の寄付金を使って、一九二三（大正一二）年に名古屋第二女子商業学校を設け、二年後には各種学校から正規の商業学校となった。そのいきさつは前述のとおりである。東京では、一九〇三（明治三六）年に嘉悦孝子により日本女子商業学校が開かれたが、各種学校から商業学校への昇格は一九三八（昭和一三）年と大幅に後れたため、名古屋における市邨のそれは日本最初ということになる。

以後、愛知県では女子の商業学校が相次いで設けられた。一九二六（大正一五）年の私立の愛知女子商業学校、一九三六（昭和一一）年の豊橋市立女子商業学校、一九三七（昭和一二）年の私立の椙山女子商業学校、一九四一（昭和一六）年の私立の一宮女子商業学校などである。戦争末期の一九四四（昭和一九）年には一二校の女子商業学校（うち三校の名称は女子実業学校、一校は女子商工学校）が設けられている。男子商業学校や各種学校や実科高等女学校からの転換である。

農業学校は、商業のような女子の単独校ではなく、男女共学校が多い。長野県では女子への開放は明治期から広範に進んだし、広島県では昭和初期までに設けられた一三校の農業学校のうち九校までが共学校であった。一九四二（昭和一七）年の『実業学校一覧』では、農業学校は、甲種全数三三九校、女子甲種八〇校、乙種全数六七校に三分類されている。それをさらに分類したところ、女子甲種八〇校の内訳は、独立女子校九校、男女とも甲種の共学校が六三校、共学校のうち男子は乙種で女子が甲種のものが八校である。これら八〇校のうち独立女子校を除けば甲種全数三三九校の中にも名前が出ている。また乙種六七校の中には、独立女子校が一校、男女とも乙種の共学校が三一校を数える。甲乙合わせて女子の入学が可能な学校数は推計すると一一二校となる。敗戦時になるとさらにその数は大幅に増加する。

これを愛知県について見ると、前出の表3から分かるように女子校、共学校を含めて女子に開放された農業学校は六校であるため、特に多いというわけではない。その最初は、一九〇四（明治三七）年に実業補習学校から転じて乙種の農業学校となった村立作手農林学校であって、実業補習学校のころから女子部を開設した。同校の記念誌には「世に魁けて男女共学制」と記されている。初代校長川端玉三郎が地元の要請を受けとめて、文部省に強く訴えた成果であるとされる（愛知県立作手高等学校『百年誌』）。

これに続いて、一九〇六（明治三九）年に西加茂郡立農業学校が創立され、三年後に女子部を加設した。しかし一九一三（大正二）年にはこの女子部は西加茂郡立実業女学校として独立した。その校長は農業学校長が兼任したため提携関係にはあった。この農業学校は一九二三（大正一二）年に県に移管されて愛知県猿投農学校となり男子校として発展した。

同じように女子部が難渋した例もある。一九一四（大正三）年に設けられた中島郡立稲沢町立園芸学校は、山崎延吉にすすめられて二年後に女子部を設けたけれども、翌年の第二回の生徒募集に際して応募者が定員に達しなかったため、止むなく閉鎖された。

女子の中等教育機関としては、ほかに職業学校があった。一九二一（大正一〇）年の「職業学校規程」によって技芸、裁縫、家政などを教える学校を職業学校と称し、その大多数は女子校であった。その中には、若干数であるが、産業系の学科を取り込んだところがある。一九四二（昭和一七）年の『実業学校一覧』に載せられた職業学校の総数は三八一校に達していて、複数の学科を持つ学校の中に、商業科を含むもの二二校、農業科を含むもの一四校が含まれている。

愛知県の女子職業学校の中には、他府県に例のない注目すべき一校がある。一九三九（昭和一四）年に創設された愛知県女子工業実務学校がそれであって、工業の女子校という珍しい企図である。県知事から出された設置申請書にはその理由が次のように記されている。ただし、大戦末期に「職業学校規定」が廃止されたため、同校は愛知県女子商工学校と名を変えたけれども、工業科を含むことには変化はなかった。

「本県ハ現下ノ労力不足ト重工業振作ノ国策ニ鑑ミ、女子工業労働者ノタメ特ニ女子ノ特性ニ稽ヘ、工場実務、製図、機械ノ検査検定等ノ如キ女子ニ適応スル実務教育ヲナスト共ニ、女子トシテ必要ナル教養ヲ施シ、出デテハ工務労働者トシテ工業生産ニ参加シ、入リテハ一家ノ主婦トシテ子女ノ養育ニ当ルベキ女子養成ノ必要ナルヲ痛感シ、茲ニ女子工業実務学校ヲ創設セントスルモノナリ」（『文部省簿書』「設置廃止許認可文書工業学校愛知県」）。

他府県と比較した愛知県の産業教育

戦前期の日本の産業教育は、全体として見れば順調な発達をしたけれども、これを地域別に微細に見れば大きな格差があったことについては先述した。その中で愛知県はどのような位置を占めていたであろうか。結論を先取りして言えば、愛知県の産業教育は全国のモデル県と称すべき調和的な発達をしたと言えそうである。学校の種別とその校数について以下にそのことを立証してみる。

まず高等教育について言えば、愛知県は大きく出後れたが、最後には何とか挽回した。帝国大学の後れは、愛知県だけの責任ではなく文教政策の中での適正配置計画にも原因がある。全国を北海道、東北、関東、中部、近畿、中四国、九州の七区に分けると、中四国を除く他の六区に帝国大学が設けられた。近畿地方は二校である。北海道は国家により後押しされたが、中部は関東と近畿のはざまにあって後回しになった。中四国は岡山県と広島県が意欲を示したものの中核と

表5　産業系中等学校数の上位県と下位県

	昭和17年				昭和20年			
	工	農	商	計	工	農	商	計
東京	33	7	91	131	88	9	63	160
大阪	26	3	45	74	58	6	37	101
愛知	14	11	28	53	24	16	24	64
兵庫	9	9	23	41	28	10	26	64
静岡	6	17	21	44	15	21	21	57
福岡	12	15	17	44	30	15	8	53
長野	4	32	15	51	9	33	7	49
……	……	……	……	……	……	……	……	……
福井	1	6	2	9	3	6	0	9
沖縄	1	4	2	7	2	4	1	7

なる県の動きがにぶかった。結果的には、東京に工と農と経済、京都に工と経済と農、仙台に工、福岡に工と農、北海道に農と工、大阪に工の帝国大学が順次整備され、最後に名古屋の工が生まれ、戦前期の産業系学部が揃った。

前述したように、名古屋でも市内の商工業者や一九三一（昭和六）年に国立大学となった医科大学の関係者が中心になって総合大学設置を求める運動を起こした。一九三五（昭和一〇）年に愛知県会が文部大臣に提出した意見書には理科、工科、商科、農科、医科の総合大学が目ざされていて、一九三九（昭和一四）年にそのうちの医学部と理工学部（のち理と工は分離）の二学部が設けられた。官公立の実業専門学校も、

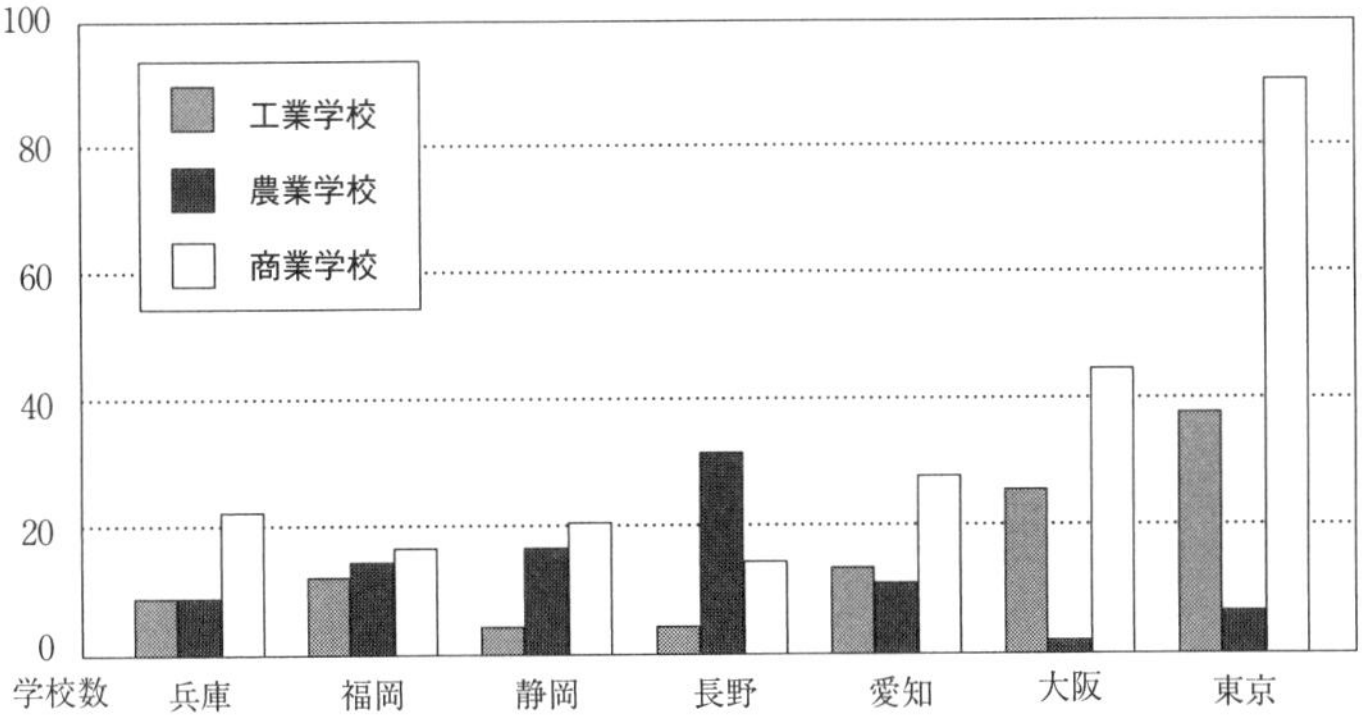

図3　昭和17年の産業系中等学校数上位7府県

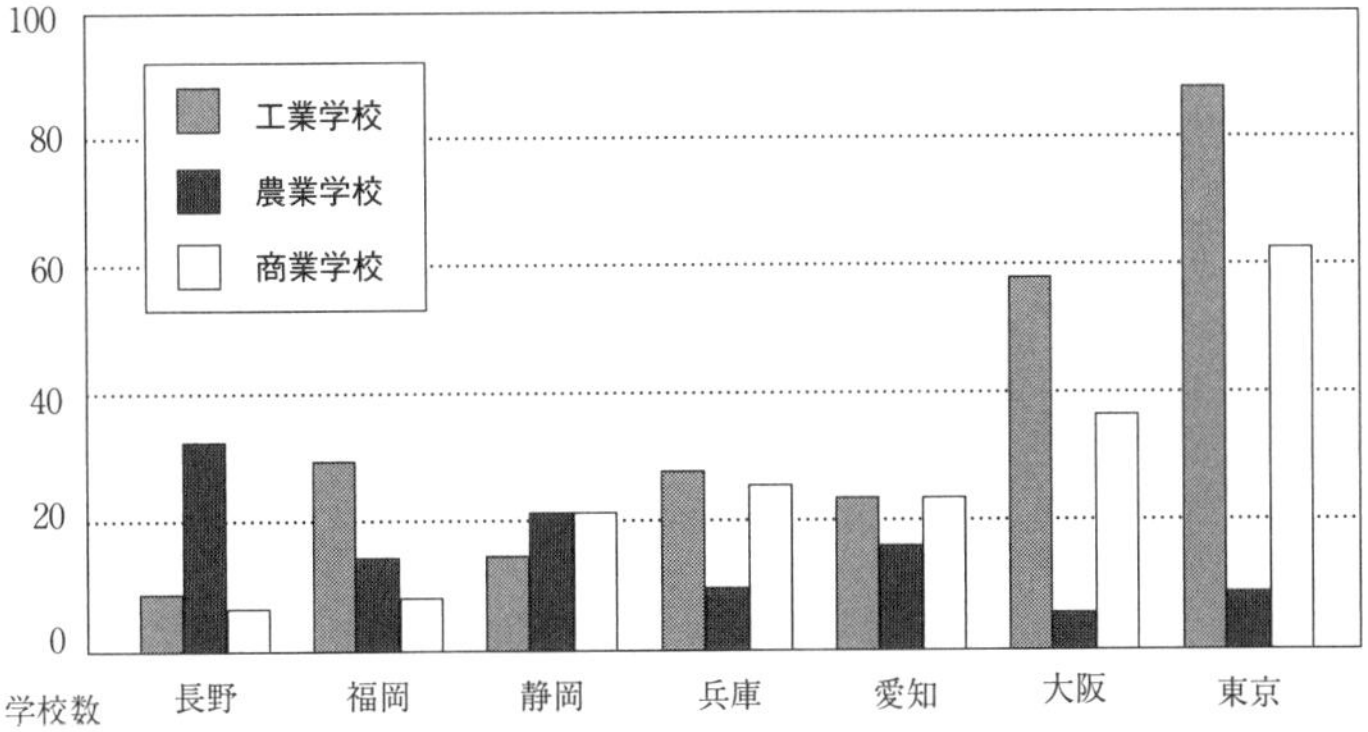

図4　敗戦時の産業系中等学校数上位7府県

後れはしたものの、二校の高等工業と一校の高等商業が揃った。

　次に中等教育について見れば、一九四二（昭和一七）年現在の文部省の統計と敗戦時における著者の調査データをもとにして、工・農・商の学校数を算出してみると表5のとおりである。これを図示すれば図3と図4のようになる。東京府と大阪府はいずれの年度においても上位を占め、愛知県は昭和一七年には第三

表６　中等学校入学者に占める産業系学校入学者の比率（昭和17年）

	工業学校	農業学校	商業学校	職業学校	中学校	高等女学校	産業系（工・農・商）	普通系（中学・高女）
愛知	14.7%	3.8	33.3	8.6	20.4	19.1	51.8%	39.6
大阪	18.4	1.0	24.0	8.0	18.2	30.3	43.4	48.5
長野	5.3	26.8	10.9	6.5	22.9	27.7	43.0	50.6
富山	8.4	14.4	18.9	5.8	17.1	35.4	41.7	52.5
東京	9.5	0.8	30.5	7.7	23.9	27.6	40.8	51.5
……	……	……	……	……	……	……	……	……
愛媛	8.0	1.4	9.0	16.8	30.8	34.0	18.4	64.8
奈良	4.0	6.8	5.7	16.6	33.2	33.7	16.5	66.9

位、敗戦時には兵庫と並んで同率第三位となるが、これは敗戦直前の工と商の転換状況にちがいが生じたためであってむしろ臨時的暫定的な数字と見てよい。

中等教育の場合、学校の総数、学校の種別など、府県間に大きな格差が生じた。その原因は府県の産業構造のちがいにあるけれども、それだけではない諸要因が挙げられる。特に重要な要因は、普通教育と産業教育のいずれを選択するかという府県民の意識のちがいであろう。この点についての愛知県民の産業教育に対する意識の高さは、入学する生徒数の比率が日本一であることに証明される。

ちなみに一九四二（昭和一七）年度の『文部省年報』をもとに、工業学校、農業学校、商業学校、職業学校、中学校、高等女学校の六種の中等教育機関への入学者の比率を一覧にしてみると表6のとおりである。大きくは産業系と普通系に二大別したが、産業系の中には職業学校を省いてある。職業学校は女子の実科高等女学校に性格が近似しているので産業系と見なすには難があるからである。

この表から明らかなように、産業系中等学校への比率の第一位の愛知県と最下位の奈良県との間には三五・三ポイントの差がある。この差異の生じる原因については種々の角度から検討してみたが、有意の相関関係を見つけ出すことはできなかった。例えば、『大日本帝国統計年鑑』をもとに第三種所得税の一人当りの平均所得年額をランクづけしてみると、昭和一五年度では、大阪一位、東京二位、兵庫三位、京都四位に次いで愛知は第五位であって、収入の高い府県が中学校・高等女学校への進学率が高く、収入の低い府県が産業系学校を選ぶという関係は成り立たない。

戦後の今日もそうであるが、愛知県では産業系中等学校への進学率が日本第一位であるということは、戦前期からの連続であって、その理由を説明することはむずかしい。今のところ、県民の教育意識というあいまいな理由をあげるにとどめざるを得ない。

7　戦後における独自色の発揮

ジョンソン旋風の影響

一九四五（昭和二〇）年八月、日本はポツダム宣言を受け入れて敗戦となり、アメリカ軍を中心とする連合国軍が日本に進駐し、日本の非軍事化と民主化の施策を進めた。軍需産業の停止、財閥解体、農地改革、教育改革などを強力に推進した。そのうち教育改革については、連合国軍最高司令官マッカーサーの命令によってアメリカの著名な教育専門家二九名が呼び寄せられ、早くも一九四六（昭和二一）年三月に『米国教育使節団報告書』がまとめられた。その骨子は当時のアメリカの教育界で進歩的とされていた六・三・三制の統一学校制度への移行にあった。これによって、戦前の教育では六年間の小学校を終えれば、中学校、高等女学校、実業学校、高等小学校へと分かれていったのに対して、小学校と中学校の義務教育が全国的に統一された。その上の高等学校については、愛知県では、昭和二三年四月から六月にかけて、現状のまま再開することにした。県立校は五六校（そのうち農・工・商の独立校二二校）、市町村立校三一校（農・工・商一六校）、私立校三三校（農・工・商九校）の設置を告示した。旧制の実業学校をそのまま高等学校に編成する予定であった（『愛知県教育史資料編現代一』）。

ところが、愛知県の当初の計画は占領政策の中で大きな修正を余儀なくされた。教育改革を担当する部局としては、連合国軍総司令部（GHQ）の中に民間情報教育局（CIE）が置かれて全国的な統制を図るとともに、全国をブロックに分けた地方軍政部と各都道府県の軍政部にそれぞれに担当官が配置された。愛知県の担当官は、東海北陸軍政部教育部長のE・R・ジョンソンと愛知県軍政部の民間教育課長オブライエンであった。ところがこれら担当官の見解のちがいによって都道府県間に教育改革の方針に差異が生じた。特に、六・三に続くシニア・ハイ・スクールについては教育使節団報告書に明確な勧告がなかったため、いわゆる高校教育三原則（総合制・小学区制・男女共学制）について担当官の指令に硬軟のちがいが出た。

表7　新制高校第1次編成案（昭和23年8月）

	県立			市町村立			計
	男女	男	計	男女	男	計	
普通	19		19				19
総合	9		9	9		9	18
農業		4	4		1	1	5
工業		4	4				4
商業		1	1	1		1	2
水産		1	1				1
計	28	10	38	10	1	11	49

愛知県においては、ジョンソンは特に総合制について強硬であって、それまでの工・農・商の独立学校は、普通科などとの連合によって総合制高等学校に転換させられた。県では、一九四八（昭和二三）年に実業家の豊

表８　第二次編成案（昭和24年4月）

		県立	市町村立	計
		男女	男女	
総合	農·家·商	13	4	17
	普·農·商·家	14		14
	普·家·商·工	2	1	3
	普·家·農	4		4
	普·家·工		1	1
	普·工		1	1
単独	工業	4	3	7
	水産	1		1
計		38	10	48

田利三郎ら七名の委員によって表7のような第一次の改革案をまとめて、工・農・商の実業系高等学校の存続を容認していたが、これに対してジョンソンはさらに徹底した改編を要求した。これにこたえたのが表8の第二次改革案であった。これにより共学制の工業高校七校、水産高校一校を除いて他のすべては総合制高校となった。そのため、改編前の学校数は八四校から四八校となり四三％の減少となった。全国平均二〇％に比べるとかなりの高率である。以上は『愛知県戦後教育史年表』からの引用である（『愛知県高校教育三十年』）。

ジョンソンは第四（九州）、第五（近畿）の地方軍政部を経て東海北陸軍政部に赴任してきた。そのため地元で通称された「ジョンソン旋風」の影響は愛知県だけでなく大阪府、京都府、三重県などを巻き込んだ。しかし愛知県より東の府県への影響は軽微であった。そのため、全国的に見れば、高等学校の総合化の実施には地域や府県によって差異が生じた。愛知県におけるジョンソン旋風の影響については、当時を知る高等学校関係者の証言がある。一九六二（昭和三七）年に愛知県産業教育振興会十周年に際して催された座談会における、特に商業学校関係者の発言である。なおⒶとは、市邨芳樹が校長をつとめた市立名古屋商業の愛称である（『愛知県産業教育振興会十周年記念誌』一九六二年）。

「ジョンソン旋風の当時、統合の前日までⒶと愛商とは残すといっておりましたがね。ところが折悪しく、五中と愛商、貿易商業、愛知女子商工を一ヶ所に集めるのに愛商の校舎を使わねばならぬ。五中と愛商とが各々独立して進めばそこに二校併設しなければならぬというので、Ⓐと愛商を残すという案は前夜にくつがえされて総合になってしまい、その巻添えでⒶも統合になったのです」（川畑真吉）。

「関西方面から来たジョンソン旋風に巻き込まれて、公立では単独商業学校がなくなったわけです。静岡以東、東京方面では単独商業は残ったのですが」（加藤錠一）。

当のアメリカにおいては、総合制が理想とされたとはいえ、職業指導に対しては配慮がなされていた。ちなみに、ジュニア・ハイ・スクールでは個人の興味や適性の発見や啓発に、シニア・ハイ・スクールでは大学進学のための普通教育と併せて各種の職業課程を設けて個人の選択をサポートした。ガイダンスとか職業指導とかは中等教育の重要な内容となっていた。戦前の日本のように普通と実業とを区画することなく、総合制の中で職業教育を行うという点ではちがいがあったにせよ、その総合制が形だけ採用されると職業教育が軽視された。敗戦後の日本ではその弊が現れ、普通科優位とする風潮が生まれ、職業科は一段低いものとされた。特に工業科や農業科のように施設設備に対して特別の配慮を必要とする学科の教育水準の低下を招き、また総合化とセットとなった小学区制により生徒定員の充足が困難を来たすなど種々の問題が浮上した。

産業系中等教育の再生

産業の再建と経済の成長を国策とする日本政府は、職業教育の振興を重要な政策課題とした。前述したように、早くも一九四九（昭和二四）年には、総合制によって職業教育が量と質の両面で低下させてはならないという文書を出したし、一九五一（昭和二六）年には「産業教育振興法」を発して、停滞状態にある産業教育を新興させることにした。

このような文教政策の動向に、愛知県ではいち早く対応した。先述したように一九四八（昭和二三）年に豊田利三郎らの委員会においては独立した職業学校の存続を容認していたが地方軍政部によりそれが覆された。しかし、教育界からも産業界からもそのことの再検討の声が高まったため、愛知県としても一九五〇（昭和二五）年には産業教育審議会を設けて検討を開始し一九五二（昭和二七）年には産業教育総合計画を策定して総合高校から産業教育を分離独立させる方向に舵を切った。朝鮮戦争による特需の増加という経済成長も後押しした。まずは、ジョンソン旋風によって単独（独立）校を失った商業高校の復活が課題となり、一九五一（昭和二六）年の県議会で青柳秀夫知事は愛知商業、豊橋商業、一宮商業、半田商業、刈谷商業の独立を提案し承認を取りつけた。

昭和三〇年代に入ると、岩戸景気、ベビーブームによる高校進学者の増加、技術革新の進展などの影響を受けて産業系高等学校の増設が進んだ。工業教育では、一九五〇（昭和二五）年の「愛知県立高等学校学則の改正」では工業の単独校は、愛知工業、瀬戸窯業、起工業、岡崎工業の四校であったが、昭和三一年に豊川工業、昭和三四年に東山工業、昭和三七年に名南工業、昭和三八年に一宮工業、半田工業、刈谷工業が設けられた。いずれも県立工業高等学校である。商業教育も入学志願者が増加していくなかで、市立校としては、昭和二八年に市立名古屋商業、昭和三八年に市立若宮商業が、県立校としては、昭和三〇年に岡崎商業、昭和三五年に緑丘商業、昭和三八年に中川商業が新設された。その間私立の単独校も加わった。農業教育では、総合化になじみにくい限界があったため、安城農林、西尾実業、半田農業、猿投農林に加えて三谷水産が単独校として残っていたが、その後昭和四六年に稲沢、昭和四七年に新城が、それまでの普通科を分離して単独校となった。

一九六四（昭和三九）年に改正された「愛知県立高等学校学則」では工・農・商の県立校は表

表9　昭和39年の県立産業系高等学校

分野	学校名
工	愛知工業、東山工業、名南工業、豊橋工業、岡崎工業、一宮工業、瀬戸窯業（窯業と商）、半田工業、豊川工業、刈谷工業、起工業
農	半田農業（農と生活）、三谷水産、安城農林、猿投農林（農と生活）、渥美農（農と生活）
商	愛知商業、緑丘商業、中川商業、豊橋商業、岡崎商業、一宮商業、半田商業、知立商業
複合	津島商工、西尾実業（農と生活）、刈谷商業家庭

9のとおりである。ただし、この表は校名が産業系のもののみを挙げたが、ここに名前の出ない総合高校の中には、商業科を含むもの一一校、農業科を含むもの二校、工業科を含むもの一校がある（『愛知県教育史資料編現代二』）。

戦時体制下、さらに敗戦後にかけて、産業系高等学校は、組織も校名も目まぐるしく変転した。その例を名古屋市立工業学校について見てみよう。名古屋市には敗戦までに四校の市立工業学校が設けられた。設立順に言えば、大正六年創立の名古屋市立工芸学校（以下工芸と略称）、昭和一一年創立の名古屋市立機械専修学校（昭和一八年機械工業学校と改称、以下機械と略称）、昭和一四年創立の名古屋市立航空工業学校（以下航空と略称）、昭和一九年創立の名古屋市立第二工業学校（以下第二と略称）の四校の複雑なからみ合いである。

昭和二〇年、まず航空は明徳工業学校と改称、機械は昭和二三年に八劔工業高校と改称し独立校となったが、同年両校は合併して名古屋市立工業高校となった。いっぽう工芸は名古屋市立第一女子商業と合併のうえ総合制の名古屋市立西陵高校となったが、昭和二十五年にその中の機械科、電気科、工業化学科は分離されて名古屋市立工業学校に併入されて工業系高校の独立が実現した。工業系高校の総合化と独立化は他に例がないとされている（『名市工五十年史』）。その後、工芸も独立して、名古屋市立の工業と工芸の二校の工業系独立校となった。工業は機械、電気、自動車などの純然たる工業系学科から成り、工芸には情報、インテリア・デザイン、グラフィック・デザインなど特色ある工芸系学科が含まれている。なお、商業学校について補足すれば、戦前にあった四校の市立商業学校のうち三校まで工業学校に転換し一校だけ残った市立名古屋商業学校も戦後に総合化されて名古屋市立向陽高等学校となったが、昭和二八年に元の独立校に戻った。加えて、市立の若宮商業も設けられた。現在名古屋の市立校は一四校あり、そのうち、工業と商業が各二校、その他の定時制一校（昼夜制）を含む一〇校は普通科または総合科である。

個々の学校の曲折は複雑であるため省略して、その後の新制高校の今日までの到達点について記してみる。愛知県の産業系の独立校の増設が継続していることは確かである。愛知県教育委員会の発行する平成二七年度（二〇一五年）の『愛知県学校一覧』から転記してみる。近年不振状態にある定時制は除外して全日制だけにしぼっている。次頁の表10と表11がそれである。工業系の独立校が多いこと、商業系の学校は普通科などとの併立が容易であるため総合高校が多く、特に私立高校の中に商業系学科の数が多いことが目につく。

表10　独立高校（平成27年度）

<table>
<tr><th colspan="2"></th><th>工業高校</th><th>農業高校</th><th>商業高校</th></tr>
<tr><td rowspan="5">県立校</td><td>名瀬地区</td><td>愛知工業、名南工業、瀬戸窯業、春日井工業</td><td></td><td>愛知商業、緑丘商業、中川商業、春日井商業</td></tr>
<tr><td>尾西北地区</td><td>一宮工業、起工業、小牧工業、佐織工業</td><td></td><td>一宮商業</td></tr>
<tr><td>知多地区</td><td>半田工業</td><td>半田農業</td><td>半田商業、東海商業</td></tr>
<tr><td>西三河地区</td><td>岡崎工業、碧南工業、刈谷工業、豊田工業</td><td>猿投農林、安城農林</td><td>岡崎商業</td></tr>
<tr><td>東三河地区</td><td>豊橋工業、豊川工業</td><td>三谷水産、渥美農業</td><td>豊橋商業</td></tr>
<tr><td colspan="2">名古屋市立校</td><td>工業、工芸</td><td></td><td>名古屋商業、若宮商業</td></tr>
<tr><td colspan="2">私立校</td><td>愛知産業大学工業、名古屋工業</td><td></td><td></td></tr>
</table>

表11　総合高校（工・農・商の課程・学科を含むもの）（平成27年度）

<table>
<tr><td rowspan="3">県立校</td><td>商業を含む</td><td>木曽川、津島北、犬山、古知野、常滑、碧南、知立、国府、成章</td></tr>
<tr><td>農業を含む</td><td>佐屋、田口</td></tr>
<tr><td>工業と農業を含む</td><td>稲沢</td></tr>
<tr><td rowspan="3">私立高</td><td>商業を含む</td><td>啓明学館、同朋、至学館、愛知みずほ大学瑞穂、名古屋大谷、名古屋経済大学高蔵、大同大学大同、菊華、東邦、愛知啓成、安城学園</td></tr>
<tr><td>工業を含む</td><td>愛知工業大学名電、中部大学第一、愛知産業大学三河</td></tr>
<tr><td>工業と商業を含む</td><td>享栄</td></tr>
</table>

高等学校段階における産業教育の盛況は愛知県の一大特色である。まえがきにも記したように生徒数も日本一である。この中等産業教育の発展に寄与した団体があった。前述した愛知県産業教育振興会であって、その発会は一九五一（昭和二六）年の「産業教育振興法」を受けて、その翌年五月のことである。事務所は名古屋商業会内に設けられ、初代会長には松坂屋社長伊藤次郎左衛門が就任した。すでに大阪、神戸、千葉にはこれに類する団体があり、愛知のそれは発会当初はさほど活発ではなかったけれども、年を追って、「産学連携」を合言葉に全国屈指の実績を収めた。同会が発足した翌一九五四（昭和二九）年に、文部省は全国に呼びかけて産業教育七〇周年の記念事業を盛大に催した。このとき『産業教育七十年史』も公刊された。愛知県でもこれに呼応して独自の記念式を挙行した。その席において、伊藤会長は、山崎延吉、柴田才一郎、市邨芳樹の三人の先覚者の名前を挙げたうえで、愛知県の歴史的実績について次のように発言した。

「由来本県は我が国産業の一大中心県であります。山川沃野、海湾など恵まれたる自然、伝統ある文化、勤勉堅実なる人情等の基礎的条件の上に立って農工商水産に亘るすべての産業の発展極めて著しく、国家繁栄に貢献し来ったことは極めて大であります。しかも、70年の歴史を顧みるとき、今日の隆盛をきずいた先人の非凡な精進努力に対し、驚嘆と畏敬の念を禁じ得ないと共に、産業教育が常にその発展の根源をなして来た事実に想到せざるを得ないのであります」（『愛知の産業教育』第四号、一九五四年)。

名古屋大学の挑戦

戦前の七つの帝国大学の中で、最も後れて一九三九(昭和一四)年に開校した名古屋帝国大学の戦後における実績は他にひけを取らない。研究面では六人ものノーベル賞学者を輩出した。化学賞の野依良治と下村脩、物理学賞の小林誠、益川敏英、赤崎勇、天野浩であって、二一世紀に入って一三名の受賞者のうち六名までが名大関係者である。それだけでなく、名古屋大学は当初から産業の振興を目的として創立されたという伝統を守っていることに注目したい。「帝国大学令」の定める「国家ノ須要ニ応スル学術技芸ヲ教授シ及其ノ蘊奥ヲ攻究スル」という法令上の目的を逸脱することはできないにしても、その創置段階の趣意書には地域産業への貢献がうたわれていた。例えば、一九三七(昭和一二)年に愛知県会で採択された意見書では、「文化ノヨリ高キ発展ト近代産業ノ振興ニ当ルベキ人材ヲ養成スル」ことを目的とした。なぜ名古屋かについては、本州の中央部に位置し東西両都を繋ぐ枢軸の地であるだけでなく、「其ノ産業ハ夙ニ長足ノ発達ヲ遂ゲ特ニ最近各種産業ノ精粋ハ此ノ地ニ会シテ我ガ国近代産業ノ先駆ヲナスト云フモ妨ゲズ」と記した(『名古屋大学五十年史通史一』)。

その後の田中広太郎知事による創設費寄付金の議案説明でも、名古屋市を中心に重工業部門の著しい発展によって全国屈指の工業地帯を形成しつつあるがゆえに、名古屋帝大は地元産業界と連携して、産業の発展と学術の振興とを有効に図ることができるという認識が表明された。

興味あることは、その帝国大学には当初から工学部門だけでなく、農学部を含み入れるという構想が含まれていた。一九二四（大正一三）年の県会の意見書には安城農林を昇格させて新設されるべき総合大学の農学部にすることの要望が示されていたし、昭和に入って活発になる帝大誘致運動でも農学部の設置が目ざされていた。実習地を満州に設けそこでの利益を大学に還元するという雄大な構想も打ち出されたが、当時の国家財政の都合上実現に至らず、医学部と理工学部の二学部で発足し、三年後に工学部は理学部から分離されて三学部体制となった。

名古屋帝大が農業を含む産業振興の目的をもって創立されたことは、戦後の新制名古屋大学に影響を与えた。一九四九（昭和二四）年に発足した名古屋大学は、医・工・理・文・法経・教育の六学部で構成されていた。最大の課題は、既存の医・工・理の三学部が空襲によって施設の多くを失い復興に難渋し、新設学部も教養部を含めて仮校舎などで授業再開を余儀なくされたことである。医学部は霞地区、他の学部は東山地区に統合するには長い歳月を要した。

帝大創立時から計画されていた農学部は県をあげての創設運動と農林学校の実績を誇る安城町の熱心な誘致運動があった。その中心となった人物は県会議長で安城町長も兼任していた大見為次郎であって、安城農林で山崎延吉の薫陶を受け、安城を日本のデンマークとすることに寄与した。しかし、安城農林は戦後の不慮の火災で校舎を失い、そこに愛知教育大学安城分校（旧青年師範学校）が進出していた。名大としては、一九五一（昭和二六）年にその安城分校を転用して農学部を創設したけれども、名古屋から離れた立地条件などの関係から東山地区への最後の移転学部となった。移転完了は一九六六（昭和四一）年のことである。

名古屋大学と産業界との結びつきは、この農学部のほかに、特に次の三点に注目したいと思う。

第一点は、航空工学の研究である。戦前の愛知県は航空機産業を中心とする軍需産業の一大中心地であり、昭和初期には愛知時計電気株式会社（昭和一八年に航空機部門を愛知航空機に分離）、中島飛行機株式会社（半田市）、三菱重工業名古屋航空機製作所などが軍の支援を受けて航空機を製造していた。一九三九（昭和一四）年には、名古屋市立航空工業学校の創設、名古屋高等工業学校に航空工学科の増設に加えて、名古屋帝国大学に航空学二講座が開設され、名古屋市内の工業教育機関が一斉に動き出した。その翌年には名古屋帝大の医学部の中に航空医学二講座が加設されるという徹底ぶりである。この分野における工・医連携が実現したことも注目される。敗戦によってＧＨＱから航空学科廃止の指令が出たけれども、地元産業界からの強い要望があり、一九五六（昭和三一）年には名古屋大学では振替二講座、新設四講座から成る航空学科が復活した。航空学科は他の帝大や高等工業にも若干の事例があるため名古屋独自のものではないけれど、その先駆的な取り組みである。

第二点は、経済学部の産業調査である。前述したように前身校である名古屋高等商業学校では渡辺龍聖校長の指導のもとで地域に密着した商工経営の研究に実績を収めた。新制名古屋大学は、当初は法経学部として出発したが直後に経済学部は法学部から分離され、一一講座で構成され、その中に農業政策と商工政策という特異な講座が含み入れられた。また旧制高商時代にハーバード大学に範をとり実学尊重の精神を生かして設けた産業調査室も一九五〇（昭和二五年）年に再発足し、その後経済構造センターへと発展した。

第三点は、教育学部における産業教育学の研究である。当初の教育学部は一二講座から成り、その中に職業科教育の一講座が含まれた。職業教育原論と職業指導論を必修とさせ、農業教育論、工業教育論、商業教育論、家政教育論を選択とした。同学部の包括校となった岡崎高等師範学校から細谷俊夫、秋元照夫らが教授に就任し、特に細谷は技術教育学の開拓者であって、後に日本産業教育学会の創立に寄与した。細谷の所属は教育原論及教育史講座であり、一九五一（昭和二六）年度の後期講義題目の中には彼の担当する産業教育学が出ている。初代教育学部長となった細谷は、程なく東京大学に転出するが、彼の蒔いた種は名古屋大学で開花する。

昭和二七年度より研究面で学部教官による共同研究体制が組まれたのもその一例である。その統一テーマは「労働と人間形成」であって、それぞれの専門領域を越えて八班に分かれた共同研究が始まった。八班のサブテーマの中には、「産業教育政策の研究」「年少労働と教育」「成年労働者に対する教育施策」など、産業教育学の基本的テーマが盛り込まれていた。他の一例は、一九八〇（昭和五五）年になって、日本の大学院大学では初めてのことであるが、技術教育学講座が設けられたことである。かくして名古屋大学は日本の産業教育学研究の拠点校となり得た。

名古屋工業大学の挑戦

地域産業の振興に寄与した実績のある名古屋高等工業学校は、戦後における新制大学の発足時に名古屋大学に包摂されることなく、名古屋工業大学という独自の道をあゆむことになった。すでに戦前において東京工業大学となった東京高等工業学校は例外として、戦後改革では、旧官立工業高等学校のうち、京都高等工芸学校が母体校となって京都工芸繊維大学に、明治専門学校が母体校となって九州工業大学となった二校だけの事例がある。

名古屋高等工業学校については先述したが、一九三〇（昭和五）年刊行の創立二五周年の記念誌に一卒業生が寄せた論説が注目される。東京と大阪の先輩高等工業が工業大学に昇格を果たしたことに対する批判であって名古屋は同調する必要はないと主張した。

「抑々大学と高工とは使命に於て全然出発点を異にして居ます」「此故に吾人は高工は高工として立派な使命が厳存して居る以上、徒らに中途に其目的を変更し、徒らに名に囚はる、愚を学び度く無いと考へるのであります」「（高工の使命とは）学説理論を応用し、如何に生産し、如何に工業化し、如何に合理化せんとする、工人の養成にある」（『名古屋高等工業学校創立二十五周年記念誌』）

この見解は、卒業生による単なる自負、負け惜しみではなく、学校としての経営方針でもあったと解釈すべきであろう。その証拠には、名古屋帝国大学の創設運動では高等工業を工学部にするという構想が打ち出されていたけれども、実際には、はじめ理工学部として、のち分離されて工学部となった建物や人事などは高工とは無関係であった。

先行して設けられた高工を後に出現する帝大とどのように関係づけるかについては、仙台に別の事例がある。一九〇六（明治三九）年創立の仙台高等工業は、一九一一（明治四四）年に東北帝国大学理科大学が設けられたとき、工学部ではなく工学専門部として帝国大学に併入された。母校を失うことに対する在校生らの反対はあったものの強行された。一九一九（大正八）年に東北帝大に工学部が加設されたが、工学専門部はそのまま併置という形になった。このことを憂慮した県や市の出資によって、一九二一（大正一〇）年になって工学専門部を旧に戻して仙台高等工業学校として分離独立させるという曲折があった。ところが戦後の教育改革においてはせっかく独立を果たした高工は新制の東北大学の工学部とされた。

これに比べると、名古屋の場合は、一九四三（昭和一八）年に創設された愛知県立高等工業学校と合体のうえ、名古屋工業大学に組織がえした。九州帝国大学と別個に工業大学に昇格した九州工業大学に類似している。その前身校は一九〇七（明治四〇）年に北九州の炭鉱王安川敬一郎が三三〇万円という巨額の私財と広大な土地を寄付して設けた私立明治専門学校が一九二一（大正一〇）年に官立に移行した伝統校である。

名古屋工業大学と九州工業大学は、その歴史が地元の産業界の支援を受けて設けられ、地元企業に人材を送り込んだという実績を誇り、現在も学生数、卒業生数は九州工大がやや多いとはいえ、ほぼ同じ規模の名門工業大学となっている。問題は、全国の国立大学工学部の均質化、平準化が進んでいる中で、同じ県内の旧帝国大学工学部とどのように棲み分け、どのように特色を発揮するかである。

名古屋工業大学は、「ものづくり」「ひとづくり」「未来づくり」という大学憲章を掲げて名古屋大学工学部の学理研究の姿勢とは異なった道を歩もうとしているが、研究力強化という姿勢は共通している。その研究成果を産業界に生かすための産学連携には熱心であって、産業界との共同研究を進めたり、OBのネットワークを生かして学生を企業研究セミナーに参加させたりしている。そのセミナーには毎年三〇〇社以上の企業が参加し、学生のキャリア形成と進路選択に寄与しているという（『東海の大学力二〇一五』週刊朝日進学BOOK）。

新構想の豊橋技術科学大学

戦後の日本では、六・三・三・四のいわゆる単線型の学校体系が採用されたが、国民や産業界から多様な要望が出て、一九六一（昭和三六）年に「学校教育法」の一部改正により、六・三の義務教育に続く五年制の高等専門学校が枝分かれしたため、複線化した。一九七四（昭和四九）年までに全国各地に五四校もの多数の国立高等専門学校が設けられ、その中の一校は豊田市に置かれた。

他の高等専門学校にも共通することであるが、豊田工業専門学校は、開校当初から多くの難題をかかえていた。その一つは、教官の確保であって、一般教育担当者の多くは高等学校からの転入者であり、専門教育担当者は大学、企業、高校から集められたが、学位を持つ者はごく少数であった。他の一つは、中学校から優秀な生徒が受験して高い倍率になったけれども高等学校との併願を認めていたため腕だめし組が多く、合格しても入学辞退者が続出した（『豊田工専三十年史』）。

高等学校三年分を二年間で、大学四年分を三年間でやり遂げて工業技術者を養成しようとするこの学校は、教育機関としての特色はあったものの、その卒業生のさらなる教育の延長の道が閉ざされていたため、それを解決する方策が種々検討された結果、「国立学校設置法」の改正により一九七六（昭和五一）年に豊橋と長岡に技術科学大学が開校した。当初の予定では、学部の一年次は主として工業学校の卒業者を受け入れ、三年次編入は高等専門学校卒業者を対象とし、その上の大学院には高等専門学校卒業後実務経験を有する者を受け入れることにした。制度上は一般の大学という位置づけにしつつ教育の内容は高等専門学校の教育と連続した大学院レベルの高度の教育を目ざした。一九八六（昭和六一）年には大学院博士課程も設置された。

豊橋市は、この技術科学大学の誘致に熱意を示し、支援をした。同市では、豊橋青年会議所が中心になって工業系大学を設置しようという動きが早くから始まっていた。その可能性が見え始めると、東三河全域をあげての誘致運動が活発化した。敷地は豊橋土地開発会社が先行取得し、それを国が買い上げた。日本語の常套句である科学技術ではなく、技術科学と命名したことには意味がある。文部省の担当者の見解では「技術を究明する科学（学問）」を含意する。従来の学校教育がＩＱをもとに人間価値を一元化しその基準で輪切りにすることによって受験競争が激化していく中で、柔軟な能力を持った技術者の出現を期待していたからだという（『豊橋技術科学大学二十年史』）。

一九七六（昭和五一）年の開学式に来賓として挨拶に立った永井道雄文部大臣は、「東大、京大、東工大、名大等がなさんとしてなしえなかった新しい形の大学」と表現し、強い期待を表明した（『豊橋市百年史』）。豊橋技術科学大学がこの期待にどのようにこたえたか、さしあたり次の四点を指摘してみよう。

第一点。最初から「開かれた」大学づくりを目ざし、その第一着手として学内共同教育研究施設として「技術開発センター」を設けた。ここでは、学内の研究および民間企業関係者との共同研究を推進し、併せて工業関係教員等の研修や学生の総合実習の場としての役割を果たすことを企図した。地元企業も全面的に支援するために豊橋技術科学大学協力会を結成し、一九八二（昭和五七）年現在九八社が参加した（愛知県企画部『学園立地と地域社会に関する調査報告書昭和五八年』）。

第二点。産学官連携を目的として、一九八七（昭和六二）年に「サイエンスクリエイト」構想を打ち出し、大学からほど遠くないところに豊橋サイエンス・コアを建設した。そこでは、大学教官の指導のもとで産学共同研究や特定テーマの研究活動を展開している。技術科学大学の技術を産業化し、さらにビジネスへと繋いでいくことを課題として成果を挙げている。それまでの個別の研究テーマを見ると、皆その方向において共通している（『豊橋技術科学大学二十年史』）。

第三点。大学院を開放するための各種の計画を試行している。一九八八（昭和六三）年には、全国で初めての「ミニ大学院アフターファイブ構想」を打ち出し、夜間に八週間にわたり大学院レベルの講義を提供している。毎年三つの講義を選定し民間の技術者に高度の技術と情報を提供するのが慣行となっている。また一九九五（平成七）年度には大学院（修士および博士課程）に社会人を対象とした独立専攻の「クリーン・パワー工学専攻」を開設し、地元はもとより各地から社会人の学生を受け入れている。これも日本初の試みである（同上）。なお、国立大学協会の機関誌によれば、同大学院は「企業と協働したリーダー育成の博士課程前期後期一貫のプログラム」として評価されている。

第四点。二〇一二（平成二四）年から文部省の進めるグローバル志向の人間育成の計画に積極的に参加した。この計画は、長岡技術科学大学や国立高等専門学校も加わって、「世界で活躍し、イノベーションを起こす実践的指導的技術者」の育成プログラムを立て、ASEAN地域でも特に実績のあるマレーシアのペナン州に国立大学としては初めての海外拠点「ペナン校」に学生を派遣して長期教育研究をさせることにした。そこでの長期インターンシップは、国際的な企画力と創造力を生むものと期待されている。文部科学省による新構想の大学であるだけに、各種の研究企画に対する国庫助成もなされている。豊橋技術科学大学はこのプログラムに中心的役割を果たすことが期待されている（前出『東海の大学力』）。

新企図の豊田工業大学

愛知県には企業によって設けられた特色ある大学がある。自動車のトップ製造業であるトヨタの設けた豊田工業大学である。戦前には北九州の炭鉱業安川敬一郎の設けた明治専門学校があったが中途で国家に献納して官立となった。戦後では商業界の成功者中内功の設けた流通科学大学が有名である。

トヨタの大学創設は長い綿密な計画のもとで慎重に進められた。戦前期には、発明家、企業家

豊田佐吉（左）、喜一郎（右）
（「豊田工業大学 30 年史」）

として名をなした豊田佐吉の遺志を引き継ぎ、長子豊田喜一郎らが社業発展のために大学を設けたいという夢を描いていた、と同校の沿革誌は記している。ちなみに喜一郎は、一九四〇（昭和一五）年に豊田理化学研究所を設けている。戦後に独自な技術力によってモータリゼーションの先導役を果たしたトヨタ自動車工業会社（トヨタ自工と略称）は、一九七四（昭和四九）年に社会貢献を目的にトヨタ財団を設けて各種の研究や事業に助成を始めた。一九七七（昭和五二）年にはさらにその事業を延長して大学創設の調査・検討を開始し、日本の画一化された工学教育に新風を吹き込むための新機軸の大学を作ることにした。

そのため、トヨタ自工では、イギリスの工科大学のサンドウィッチ方式やアメリカのゼネラルモーターズ社の企業立インスティチュート（現ケタリング大学）など、海外の情報を集めたり、また国内の有力工学者七名から成るアドバイザーグループの意見を聴取したりして、社内で第一次（一九七七年）、第二次（一九七八年）の二回にわたり基本構想案をまとめた。

一九七九（昭和五四）年に文部省に提出した大学設置申請書では、新設大学の特色を五項目にまとめた。すなわち、①複合的な学科構成とクサビ型教育課程の編成、②「学外実習」の重

1979年当時の豊田中央研究所
（「豊田工業大学30年史」）

視、③実務経験者の積極的受け入れ、④少人数個別教育の徹底、⑤社会との緊密な連携による教育・研究体制の整備（『豊田工業大学20年史』）。一言でまとめれば、産学一体による新構想大学であって、日本の大学教育に期を画する企図であった。キャンパスは名古屋市にある豊田中央研究所を郊外の長久手市に移転させて、その完備された施設設備をさらに整備して転用することにした。

この申請書が公になるとマスコミは一斉にこの挙を報じ、一九八〇（昭和五五）年末に設置認可が出るとさらに大きく報道して社会の関心を集めた。トヨタ自工側も学校法人トヨタ学園を組織し、理事長にはトヨタ自工社長奥田栄二を就任させ、産業界の代表者や学外の学識経験者を理事や役員に起用し、運営基金一〇〇億円を寄付して経営の安定を期した。初代学長には元京都大学教授で機械学会の会長歴のある長尾不二夫を迎え、有力な人材から成る教授陣を整えた。

一九八一（昭和五六）年から第一回の学生募集を行い、各企業の社内推薦で選ばれた三八八名という多数の応募者の中から、一次（筆記試験）と二次（面接）の二段階の試験書類審査のうえ少数精鋭の三八名を合格者にした。開学記念式には政財界の著名人が集まり、その中にはマサチューセッツ工科大学の総長も含まれていた。奥田理事長はその式典の挨拶の中で「豊田佐吉翁の遺訓である〝研究と創造に心を致し、常に時流に先んずべし〟という精神を受け継ぎ、創造的で実践的な開発型技術者を育成し、広く社会に貢献したいと考え、大学の設立を決意した」と語った（同上）。

豊田工業大学の教育経営で注目すべきことは多いが、特に次の二点は重要でないかと思われる。

第一点。カリキュラムの独自性である。一般の工学部のように機械、電気、材料などといった縦割りの学科編成を避けて、複合的で学際的な一学科にしたいという計画を立てた。しかし、工学部は最少二学科以上にするという「大学設置基準」の規制があったため、やむなく機械システムと制御情報工学の二学科にした。また両科に共通する基礎教育科目を重視するとともに、一般教育科目と専門教育科目をクサビ型にすること、外国語は実用能力を高めるために四年間を通して行うこと、学外での作業実習、工場実習、課題実習を積極的に実施することなど、次々に新機軸を打ち出した。

第二点。少人数の塾風教育の実施である。入学者には、実務経験を有する者を優先するという方針をとったため、多数の企業から学生派遣の希望が出た。入学生の一年次生は全寮制にし、教員が入学生の適性や希望を把握したうえ、一年半後に各学科に配属させた。第一期生のごときは学生三八名に対して教員二九名というぜいたくな塾的大学となった。授業料は国立大学並みとしたが、トヨタ系九社による出資による奨学会が設けられて、月額六万円（うち半額は貸与）を給付した。企業側からは、会社代表という責任感をもって優秀な学生を送り込んできた。入学した学生は入学前に社会で働いた期間の空白を埋めるために、学習や実習に励み、既存の大学とは異なる緊張感のある学生生活を送った。

すべてにおいて新しい企図の大学であったため、その成果は目に見える形で現れ、『週刊東洋経済』が毎年特集する「日本の大学ＴＯＰ１００」の中には、二〇〇九（平成二一）年には全国で第七位、翌二〇一〇年には五位に躍り出た。財務、教育、就職力など一一項目の指標を総合した結果である。一位の常連は東京大学であり、京都大学や大阪大学などがこれに続いている。

私立大学産業系学部の盛況

豊田工業大学は私立大学中の特例として上に記したが、愛知県のその他の私立大学も、産業教育、特に工業と商業（経済）の産業系学部の教育に力を入れ、全国屈指の盛況を示した。以下に創立年の古い一一校の私立大学の概要を記すことにするが、あらかじめその内容を表示しておく（表12）。

表12　愛知県内主要産業系私立大学

分野	学部編成	大学名
工・農・商	工学部・農学部・商学部	①名城大学
工・商	工学部プラス商学部	②愛知工業大学 ③大同大学 ④中部大学
	商学部プラス工学部	⑤南山大学 ⑥中京大学
商	商学部のある商業系	⑦名古屋商科大学 ⑧愛知学院大学 ⑨名古屋学院大学
	商学部のない商業系	⑩愛知大学 ⑪名古屋経済大学

①名城大学

まず筆頭に挙げるべきは、工・農・商の三学部を含む名城大学である。その起源は、戦前に東京高等工業学校を卒業して東北帝国大学の助教授や浜松高等工業学校の教授をつとめた田中壽一が、一九二六（大正一五）年に名古屋高等理工科講習所を設けて教育事業に乗り出したことに端を発する。同所は一九二八（昭和三）年に名古屋高等理工科学校として県知事から各種学校の認可を得た。同校がその後旧制の専門学校として文部大臣の認可を受けるのは敗戦直後の一九四七（昭和二二）年のことであるが、これを母体にして一九四九（昭和二四）年には新制の名城大学として発展の契機をつかんだ。

当初は、商学部の第一部と第二部（夜間授業）からスタートし、旧軍用施設の払い下げを受けつつ校地を拡張し、翌年には商学部に法学科を加えた法商学部、理工学部、農学部の設置が認可された。発足の二年目にして早くも総合大学としての一歩を踏み出した。一九五四（昭和二九）年には薬学部を加え、同年には大学院の設置も認められた。学部の増設はその後も進み、現在の産業系学部は、経済、経営、理工、農の諸学部から成っている。名城大学の特色としては三点を挙げることができる。

第一点。創立当初から夜間授業に力を入れたことである。農学部を除く法商学部と理工学部では、第一部と第二部の収容定員は同数でスタートした。特に第二部は通学の利便性のよいところに校舎を用意するよう配慮した。

第二点。理工学部と称しつつも実態は工学部であった。一九五〇（昭和二五）年の開設時は数学科、電気工学科、機械工学科、建設工学科の四学科であったが、その後学科増設を進め、現在は一一学科、入学定員一一〇五名という大規模学部となっている。

第三点。私立大学には稀少である農学部を有することである。春日井市の旧軍用地を活用して農学部を設けることについては、田中壽一初代理事長の熱意と春日井市を中心とする地元市町村の支援があって早い時期に実現を見た。一時は安城に設けられた名古屋大農学部との間に附属農場をめぐる競合もあったけれども、名城大学としては荒蕪地の開墾に力を注ぎ、学部としての整備を整えた。学生の確保には難渋したようであるが、現在は生物資源、応用生物化学、生物環境科学の三学科から成り健在である。

次に工と商の二分野の学部を持つ総合大学を五校例示する。最初の三大学は工業系の大学として発足し、その後に商業系の学部を加えたものであり、後の二大学はその逆に、商業系の学部が先にできて、そのあと工業系も包括するようになったものである。いずれも愛知県の特色と言うべき工商連携校である。

②愛知工業大学

愛知県は大河の下流にあって早くから水力発電が盛んであったため、明治の中期には電燈会社が設けられ、後の中部電力の母体となった。その電気事業の中堅技術者の養成が課題となったとき、明治末年に後藤喬三郎は夜間授業、修業年限一年という簡易な名古屋電気講習所を設立した。一九一三（大正二）年には、学則を改正し修業年限三年で昼間部と夜間部をもつ各種学校としての私立名古屋電気学校に格上げした。働きながら学ぶ者を支援するという方針は一貫していた。

戦後改革によって一九四九（昭和二四）年には名古屋電気高等学校となり、一九五三（昭和二八）年に「産業教育振興法」のもとで「中小事業場における電力使用の合理化」をテーマにした産業教育研究指定校に指名されるとその存在が注目された。その実績が評価され、一九五四（昭和二九）年には名古屋電気短期大学の設置が認可され、まずは夜間部からスタートし、翌年に教授陣を整えて昼間部を開設した。さらに一九五九（昭和三四）年には宿願であった四年制の大学への昇格を果たし名古屋電気大学と改称したが、その翌年には愛知工業大学と改称した。電気工学科、電子工学科、応用化学科を加えたため、実態に即した大学名にし、一九六三（昭和三八）年には夜間の工学部第二部も加えた。

その後、工学部の学科増設を進めるとともに、二〇〇九（平成二一）年には、工学部に加えて、経営学部と情報科学部を加えて商工連携の総合大学となった。中等学校にも力を入れ名古屋工業高校を加えて、学校法人名古屋電気学園が包括して管理している。

③大同大学

一九一六（大正五）年に中部電力の前身の一つである名古屋電燈の社長福沢桃介が木曽川水系の電力活用のため電気製鋼所を設けたことに端を発し、今日の大同製鋼が生まれた。戦前には航空機の、戦後には自動車の鋼材提供で事業を拡張し特殊鋼のトップメーカーに成長した。一九三八（昭和一三）年には、大同工業学校の設置申請書を出して認可された。その趣意書には、「株式会社大同電気製鋼所ガ基金五拾万円ヲ投ジ大同工業教育財団ヲ設立セントスルモノナリ」と、企業立の学校であることを明記している。

認可された工業学校は、本科（機械科および金属材料科）、尋卒五年、生徒定員五〇〇名、第二本科（夜間、機械科および内燃機関科）、高卒四年、四〇〇名という大規模校であった。その設置理由書には、戦時下の名古屋の工業界の状況を示す次のような一文が含まれている。

「本市産業ノ趨勢ハ、支那事変ヲ契機トスル軍需工業ノ必然的拡大強化ト相俟テ軽工業ヨリ重工業ニ移行シ、今ヤ機械並ニ金属工業ノ技術者ヲ要望スル極メテ切実ナルモノアリ」（『文部省簿書』「設置廃止許認可文書工業学校愛知県」）。

戦争が終わると同校は大同工業高等学校となった。同社は、一九六一（昭和三六）年には大学設置に向けて新たな取り組みをなすために、学校法人大同学園を組織して、その翌年に大同工業短期大学を、さらに一九六四（昭和三九）年にそれを廃止して大同工業大学にした。同学はその後拡張を続け、工学部に情報学部を加えて、名称も大同大学に変えた。工学部は、機械工学、総合機械工学、電気電子工学、建築の四学科から構成されている。

④中部大学

春日井市において一九三八（昭和一三）年に名古屋第一工学院が設けられた。創立者は三浦孝平であって、東京物理学校を卒業後中学校教師を経て、二〇年間名古屋高等工業の教授をつとめていた。技術教育の発展とその質的向上を目ざして学校法人三浦学園の工学院を起こして、戦後になって中部工業短期大学にして、一九六四（昭和三九）年に学園創立二五周年を期に中部工業大学に昇格させた。機械工学、生産機械工学、電気工学、電子工学、土木工学、建築学、工業化学、工業物理学の八学科を擁する一大工業大学である。その後さらに大学を拡張して一九八四（昭和五九）年に経済情報学部を加設し工商併置の大学とし、さらに今日では国際関係、人文、応用生物、生命健康科学、現代教育学を加えて七学部三二学科から成る総合大学になった。中部工業短期大学および全日制の普通科と工業科から成る附属高等学校も備っている（『学校法人中部大学七十年史』）。

⑤南山大学

後述する名古屋学院大学と並ぶキリスト教系大学である。戦前期のキリスト教系私学は、商業教育に積極的に参入した。例えば、上智大学には商学部、関西学院大学には商経学部が設けられたし、高等商業学校や専門部商科などをもって対応したところも多い。

名古屋のキリスト教系私学は、戦後になって商業教育に乗り出した。南山大学は、一九三二（昭和七）年の南山中学の開設に端を発し、戦後は名古屋外国語専門学校を経て新学制発足時に南山大学として設置認可された。当初は文学部一学部であったが、その後、一九六〇（昭和三五）年に経済学部、一九六八（昭和四三）年に経営学部を加えて、商業教育の分野に進出した。さらに加えて、二〇〇〇（平成一二）年には理工学部を加設したため、商工併置の大学となった。理工学部は、システム数理学、ソフトウェ工学、機械電子工学の三学科で構成されている。現在は、八学部一七学科から成る一大私学であって、外国人教師の多いことでも知られている。

⑥中京大学

一九二三（大正一二）年に梅村清光によって設けられた中京商業学校が戦後に短期大学を設け、それが一九五六（昭和三一）年に四年制の中京大学となった。はじめ商学部が、三年後に体育学部を加えた二学部から成っていたが、商学部は一九八七（昭和六二）年に経済学部と一九九一（平成三）年に経営学部に分かれた。その後、二〇一三（平成二五）年になって理工学部を加設した。現在、一一学部一八学科をかかえる総合的な大規模私学であって、前記の南山大学と同じように商から始まり工まで拡張して、商工併置となった（『中京大学六十年のあゆみ』）。

中京大学に典型的に見られるように、商業系学部は、商学部、経済学部、経営学部の三学部から構成されるが、その中で、商学部の性格や領域があいまいであるため、三学部の関係を明確に区画することはむずかしい。ちなみに戦前の三商科大学は、戦後改革において、東京（一橋大）と大阪（大阪市立大）は商学部と経済学部に分け、神戸（神戸大）は商学部を廃して経済と経営の二学部にした。一般的に言うならば、経済学は伝統のある学部であって、マクロとミクロを含む経済論に加えて国際経済論や金融論などを守備範囲とし、経営学は企業の経営や管理など実務的方面に力を発揮する。残る商業学は財務会計や証券市場などのマーケット分野に重点を置く。本書ではこれらを一括して商業分野と見なすことにするが、商業分野の私立大学には、商学部を含むものと、含まないものとがある。以下においては、前者から三校を、後者から二校を選んで事例として紹介する

⑦名古屋商科大学

愛知県で商科大学と名乗る唯一の私立大学である。前身は一九三五（昭和一〇）年に栗本裕一の設けた名古屋鉄道学校であって商業とは関係ない。栗本は同志社に入学後カナダの大学に留学し、帰国後は渡辺龍聖の知遇を得てはじめは商業学校の設置を企図したが、諸種の事情のため大志への第一歩として鉄道学校を設けた。戦後になって光陵高等学校となり、程なく商業経済科をもつ光陵短期大学を設け、一九五三（昭和二八）年に大学に昇格した際名古屋商科大学と改称した。商学部からスタートした同学は、その後経営学部、経済学部、コミュニケーション学部を加

えて四学部から成る本格的な商業系大学に成長した。その商学部は、現在マーケティングと会計ファイナスの二学科から成る。同学は、世界中の有名なビジネス・スクールと連携して、国際化の実績を誇る新しいタイプの商科大学である。

⑧愛知学院大学

名古屋商科大学と同じように商学部から出発して、その後経営、経済の二学部を加えた大学である。商学部の歴史は一九五〇（昭和二五）年に創置された愛知学院短期大学商科に端を発する。その創業に力を尽くし商科科長となったのは、前述した国松豊であって、戦前期に名古屋高商の第二代校長をつとめ、その経験を学校経営に生かした。国松は、三年後の一九五三（昭和二八）年には短大を四年制大学の商学部とし、その学部長に就任した。

国松は小樽高商と名古屋高商において渡辺龍聖校長の指導を受けた実用的商業教育をこの私学において実践し成果を収めた。地域社会との連携を重視する国松は、一九五八（昭和三三）年に経営研究所（のち産業研究所と改称）を設け、自ら所長となって東海地方を中心とした地域経済や産業動向の調査研究に力を注いだ。また商品学研究所（のち流通科学研究所と改称）を設け、流通やマーケティングの研究も始めた。創立当初の商学部は商学科だけであったが、一九六二（昭和三七）年に経営学科を加えて二学科とし、一九九〇（平成二）年に経営学科を独立させて経営学部にし、さらに二〇一三（平成二五）年に経済学部を加え、商業系三学部の体制を整えた。

なお、大学を経営する学校法人愛知学院の前身は、一八七六（明治九）年創立の曹洞宗専門学支校にまで遡るのでその歴史は古い。現在の愛知学院大学は、商業系三学部のほか、文、法、総合政策、薬学、歯学、心身科学を加えて、九学部一六学科から成る一大総合大学である。

⑨名古屋学院大学

前述の南山大学と並ぶキリスト教系大学であって、戦後になって認可された大学である。アメリカのメソジスト派宣教師クラインが一八八七（明治二〇）年に創立した愛知英語学校に端を発するのでその歴史は南山大学よりも古い。その後旧制の名古屋中学校、新制の名古屋高等学校となり、一九六四（昭和三九）年に名古屋学院大学となった。当初は経済学科と商学科から成る経済学部一学部であったが、一九八九（昭和六四）年に外国語学部を加え、さらに一九九二（平成四）年に商業科を独立させて商学部にした。南山大学は商学部を拡張して経済、経営学部としたが、名古屋学院大学は経済学部を拡張して商学部にするというちがいを見せたし、理工学部にまでには至らなかった。現在は、法学部、国際文化学部などを加えて八学部から成る文系の総合大学である。

⑩愛知大学

豊橋市にあった旧予備士官学校の跡地に、復員の教授スタッフや学生を集めて、一九四六（昭和二一）年に当時東海地方初の法文系私立大学として愛知大学が開校し、一九四九（昭和二四）年にそのまま新制大学として認可された。当初は法経と文学の二学部から成っていたが、以後順次学部増設を進め、現在は、法、経、経営、現代中国、国際コミュニケーション、文、地域政策の七学部一〇学科をもつ総合大学である。豊橋市に文学部と地域政策学部を置き、他の五学部は名古屋キャンパスに集めていて、そこに経済と経営の商業系二学部がある。地域政策という特色ある学部は、公共政策コースと地域産業コースに分け、「地域を見つめ地域を生かす」をモットーに地域密着の教育に特色を発揮している。

⑪名古屋経済大学

先述した市邨芳樹は、明治末年に市立名古屋商業学校長をつとめる傍ら、日本最初の女子商業学校を設け、さらに市立商業の校長退任時に貰い受けた多額の謝恩金をもとでに大正末年に第二の女子商業学校を設けた。戦後の学制改革により名古屋女子商業高等学校と高蔵女子商業高等学校と改称した。学校法人市邨学園は、一九六五（昭和四〇）年には商経科と家政科から成る市邨学園短期大学を開設、一九七九（昭和五四）年には経済学部消費経済学科から成る四年生の市邨学園大学を開設した。一九八三（昭和五八）年になるとこれを名古屋経済大学と改称して、それまでの女子大学を改め共学制にした。経済学科と経営学科から成る経済学部一学部であったが、一九九一（平成三）年に法学部企業法学科を加えた。経済学部では、地域をフィールドにして生産、流通、消費の関係を総合的に研究教育していたが、二〇〇二（平成一四）年に企業経営へと目標を広げて経営学部を独立させ、ほかに人間生活学部を加えた四学部構成になっている。戦前の古い伝統をもつ女子商業学校が、四年制、共学制の商業系大学に成長したことになる。

以上、一一校の事例校のほかに、つけ加えたい二校の私学がある。その一校は、一九五七（昭和三二）年に開校した日本福祉大学であって、社会福祉学部という当時は珍しい学部であったため全国から学生が集まった。その後、一九七六（昭和五一）年に経済学部を加え、ほかに三学部、合わせて五学部から成る総合大学となった。他の一校は、一九九二（平成四）年に岡崎市に設けられた愛知産業大学であって、当初デザイン学部で出発し、デザイナー、プランナー、エンジニアなど地域社会の求める人材の養成を目ざし、その後二〇〇〇（平成一二）年に経営学部を加え、工商併置の大学となった。

そのほか、新しいところでは、二〇〇〇（平成一二）年に蒲郡市に設けられた愛知工科大学、同年に環境情報ビジネス学部をもつ名古屋産業大学、二〇〇二（平成一四）年に経営学部とリハビリテーション学部をもつ星城大学、二〇一二（平成二四）年に経済学部をもつ豊橋創造大学などが新設された。

他府県と比較した愛知県の大学

全国四七都道府県の中で愛知県の大学教育がどのような位置を占めているかを考えてみる。その際東京都は比較の対象から除外する必要がある。少なくとも言えることは人口数と大学数が一極に集中しているのがその理由である。人口数について見れば、一九六四（昭和三九）年の時点では千人単位で人口数を記せば、東京都九六八三千人、大阪府五五〇四千人、愛知県四二〇六千人、福岡県四〇〇六千人、兵庫県三九〇六千人であり（総理府統計局『日本の統計』一九六四年）、二〇一四（平成二六）年の統計では、東京都一三三九〇千人に次いで神奈川県九〇九六千人が二位に浮上し、三位大阪府八八三六千人、四位愛知県七四五五千人、五位兵庫県五五四一千人、六位福岡県五〇九一千人と、兵庫と福岡が逆転する（矢野恒太記念会『県勢二〇一六』）。

大学数について見れば、東京は明治のはじめから全国の模範となる国立や私立の有名大学が設けられ、全国から学生を集め、全国に送出するという役割を果たしたことの伝統が今も生き続けている。日本の大学の中央集中という特殊事情を考慮して、その他の地域の大学数を算出してみると、中部地方の愛知と関西地方の大阪と九州地方の福岡の三府県が上位を占める。人口数の多い神奈川県は東京に、兵庫県は大阪や京都の大学へ進学するため、これら三府県より大学数は

表13　大学数の上位都道府県（平成26年）

	東京都	愛知県	大阪府	福岡県
国立	11（6）	4（3）	2（1）	3（2）
公立	1（1）	3（1）	2（2）	4（1）
私立	116（56）	42（23）	49（17）	25（12）
計	128（63）	49（27）	53（20）	32（15）

（注）①（　）内は産業系の大学または産業系の学部をもつ大学の内数
②東京都の大学は大学本部が都内にあるもの
③出典『全国学校総覧』２０１４年

少ない。名古屋、大阪、福岡が日本の大工業地帯の中核都市であり、産業を県是としていることも重要である。二〇一四（平成二六）年現在の大学数の上位四都府県は表13のとおりであって、東京を除く三府県の産業系の大学数は愛知県がトップである。

産業系大学数のうえで注目したいことは、愛知と大阪の関係である。江戸期から商工業都市として繁栄を極めた大阪に、名古屋が産業都市として拮抗するまでに発達した理由は何か、と考えるからである。その理由の一つを産業教育に求めたいのが本書のねらいではあるが、それを立証することは容易ではない。今は大阪府と愛知県の大学数のちがいを指摘するにとどめざるを得ない。

国立と公立の大学数は総数が少ないだけに上下の差はつけにくい。愛知県の国立三大学（名古屋大、名古屋工大、豊橋技術科学大）は健闘しているとしても、大阪府の国立大（大阪大）と公立の

表14　産業系の私立大学数（昭和40年・平成26年）

	昭和40年 愛知	昭和40年 大阪	昭和40年 福岡	平成26年 愛知	平成26年 大阪	平成26年 福岡
工業系の独立大学	3	2	1	3		1
商業系の独立大学	2	4	2	1		2
工業系の学部を含む総合大学					1	2
商業系の学部を含む総合大学	4	1	2	12	11	5
工業系・商業系の学部を含む総合大学		2	2	6	4	2
工業系・商業系・農業系の学部を含む総合大学	1	1		1	1	
計	10	10	7	23	17	12

（注）①工業系には、理工、システム・デザインの学部を含む
②商業系には、経済、経営、商経、法経、ビジネス、マネージメント、流通の学部を含む
③出典、昭和40年は平凡社刊『日本近代教育史事典』１９７１年、平成26年は『全国学校総覧』２０１４年

二大学（市立大、府立大）も工業分野では精彩を失わない。

　両者にちがいが出るのは、私立大学の産業系大学・学部数が表14のような状況になっていることである。一見して分かるように、一九六五（昭和四〇）年から半世紀余り経った二〇一四（平成二六）年の間に大阪府の産業系私立大学は一・七倍の伸びであるのに愛知県は二・三倍となっている。私立大学の総数は大阪府の五三校に対して愛知県は四九校と大阪府のほうが若干多いけれども、その中の産業系大学または産業系学部をもつ大学数は大阪府の三八％に対し

て愛知県は五五％と大きく上回る。福岡県が四七％でその中間に位置する。

現今の愛知県の私立大学の特色としては、工業系の独立大学が三校あること、商業系の学部を含む総合大学が一二校あること、工業系と商業系の二つの分野の学部をもつ総合大学が六校あることなどであって、いずれも大阪府と福岡県を上回っている。愛知県の私立大学は工業だけではなく商業にも力を入れていて、同県の進めた工商連携策が大学教育にも現れていると言えよう。

県内高校生の県内大学進学率、卒業生の県内定着率、産業系高校の学校数と卒業生数などを日本一にしているのは、国公立以外に私立の大学の受け皿が大きいことと関係ありそうである。

8　エピローグ―だから愛知県

プロローグにおいて、愛知県の産業教育には、歴史的に見ても現実的に見ても、驚きの事象が数多く存在することに注目して、本書においてその実態と原因を考えてみたいと述べた。どの都道府県でも産業振興は重要な政策課題の一つであるが、愛知県ではそれに成功しているし、その際に産業教育が重要な役割を果たしているという点で、産業立県の教育モデルとなるという仮定で論を進めてみた。なぜ愛知県か、に対して、だから愛知県と思われることを以下に三点にまとめてみたい。

県民の地域愛着度

ある調査によれば、住みたい県、住みたいまちの順序を問うと愛知県や名古屋市は必ずしも上位ではない。名古屋城を除いて魅力ある観光地のないことも一因であろう。ところが住んだら離れたくない町、つまり定着率の高い町ということになると断然一位になるという。例えば、トヨタの城下町豊田市では、北九州の工業地帯の衰退によって職業を失った技術者や労働者を受け入れ、人口三五万人の都市となったが、そのうちの二割は九州出身者であり、彼らはその地に家と職を得て定着した。

問題は、愛知県に生まれ育った若者が、東京に出るも、京阪神に出るも利便性の高い土地柄であるにもかかわらず、なぜ愛知県に定着する道を選ぶかということである。その理由は大きく見て二つある。ある雑誌（ダイヤモンド『最強大学ランキング』）では「この地域独特の保守性」と称しているが、むしろその逆の理由があるのではないかと思うからである。

その一は、地域民が地域の特性を生かす学校を作ったことである。ゴキソ（御器所）は工業教育の、安城は農業教育のメッカとなった。ゴキソには、一九〇一（明治三四）年創立の県立工業が立地し、一九〇五（明治三八）年にその隣接地に官立高等工業を誘致した。安城では一九〇一（明治三四）年に農林学校を設け、日本のデンマークとまで称されるようになった。名古屋帝国大学が創設された際には、地元民はここに農学部を設けることを熱望した。名古屋市内の商人たちは、明治の早い時期から市立の商業学校を設け、その名校長市邨芳樹を長く名古屋に留まって貰いたいという希望を込めて、巨額の寄付金を贈呈して、日本最初の女子商業学校を建て市邨の言う「商家の奥さん」を育てることに寄与した。

その二は、地域住民もまた地域の産業系学校への入学を希望したことである。産業系学校に対する劣等感の少ない県民性も影響しているであろう。戦前期から他府県に比べれば中学校や高等女学校よりも産業系の実業学校への進学率は高い。地元の高等工業や高等商業に進学することは地元民の名誉ある選択であった。行政の側もそのことを支援した。例えば、一九〇六（明治三九）年に額田郡は実業学校生徒費補助規定を定め、農林学校に五名、県立工業に三名、市立商業に一名の補助をすることにした。一般には県外流出は農村部から起こるけれども、この郡では農業学校を重視していた証明になる。

戦後になると、産業系職業高校卒業生数が日本一となり、産業系の大学または学部を含む私立大学数が、東京都を除けば日本一となった。戦前からの実績を誇る名門私立大学は別にして、戦後に設けられた地域の私立大学は地元民の支援なくしては経営が成り立たぬため、愛知県の盛況は地域民の学校選択のバロメーターになる。

愛知県は、商工業だけでなく、農業や水産業も盛んであり、その地で生業を得たいと思う若者には、高校も大学もあって就職のための準備教育が受けられるとなれば、わざわざ高い学費を払って県外に出ていく必要性は少なくなる。当然、地域への愛着は強くなる。

産学連携の教育モデル

愛知県の産業教育の歴史と現況を見ると、産業界と教育界が密接に連携していることに気づく。このことは、特に戦後の日本の教育界にとっては異例のことである。戦後の教育学者の多くは、戦前の日本の工業教育が軍需産業へ協力したことへの反省も手伝って、産業界が教育界へ口出しすることを警戒してきた。彼らは、憲法に定める「教育を受ける権利」を主軸とした教育論を展開し、高等学校の総合化を支持した。若者はできるだけ長期にわたり平等の教育を受けさせるべきであるという主張の中では、職業科高校の立場は弱くなる。また、戦前には、実業系の学校は傍系に置かれ、学校体系の複線化が生じたことを批判し、一元化を理想とした。

ところが、愛知県は、一時期ジョンソン旋風と称される占領教育政策のもとで総合制が強制されたが、地元産業界からの要請もあり、間を置かず産業系の独立高校が設けられた。また、文部省は、一元化の理想から反するという批判をよそに国立の高等専門学校とそれに接続する技術科学大学の設置を決めると、愛知県は名乗りをあげて豊田工業専門学校と豊橋技術科学大学を誘致した。いずれも産業界の要請と支援によって学校が動いたためである。

本当の産学連携とは、教育界と産業界が対話することによって始まる。学校は可能な限り企業の求める人材の養成に力を貸し、企業は学校の教育を有効に活用することによって両者が連携できるからである。その際、軍事目的の企業にどう対処するか、利益追求という企業の論理に、学校は教育の本来の目的をどのように守り、教育の自律性を担保するのかという問題は、解決のむずかしい事柄である。

しかし、愛知県の産学連携の歴史を見ても現状を見ても、この難題は表面にも裏面にも現れない形で、自然に推移している。産業界も教育界も、その頂点に、産業立県による県民生活の安定という目的を共有しているからであろう。教育界の一部には、産業界、特にその取りまとめをする経団連の要求には屈すべきではないという意見があったにせよ、事態は両者の連携が理屈抜きに進んでいった。愛知県が産学連携のモデル県となったことの理由としては次の二点が考えられる。

その一は、産業界が学校に強い期待を寄せたことである。工業教育の端緒となったのは明治一〇年代の後半に窯業界の有志の設けた美術研究所であり、それが実業補習学校などを経て窯業学校の創立へ繋がった。一九〇九（明治四二）年刊行の瀬戸窯業学校の最初の『学校一覧』では、旧来の徒弟奉公に代えて学校において教育と訓練を受けさせるようにして欲しいという当業者の要望があり、学校としては当業者との連絡を密にするという教育方針を打ち出している。

織物業に学理や機械を導入するためには学校が必要であるという業界の要請にこたえて県立工業学校が設けられ、その後の高等工業学校も当初の計画を変更して織物関係の学科を加設した。

新発明を重ねて、織機製造から自動車製造にまで事業を拡張したトヨタの場合は、創業者の人づくり重視の思想を受けて、一九三八（昭和一三）年には社内にトヨタ工業学園をつくり、従業員の自家養成を開始したが、戦後の一九八一（昭和五六）年には新構想の工業大学を設け、他社からの入学生も受け入れて、産学一体の人材教育で注目を集めている。また、一九七六（昭和五一）年の豊橋技術科学大学は地元企業九八社が協力して誘致に成功し、東海産業技術振興財団が支援している。いずれも企業の側が、企業内訓練という域を超えて、学校という形態の果たす教育的役割を評価した結果である。

その二は、地元産業界からの要望に対して教育界が素直に応じ協力したことである。中等・高等の産業教育機関は産業界の求める人材養成のために学校や学科などを設けて対応した。例えば、国策が大きく影響していたとはいえ、航空機産業が盛況を見せ始めるとその工場で働く技術者の養成に力を貸した。名古屋市は、一九三九（昭和一四）年に市立の航空工業学校を設けたし、同年創立の名古屋帝国大学には航空学の講座が設けられた。なお、帝国大学のその講座は占領軍の指令で一時中断したが、愛知県ではこの分野の業界が強力でありその要望もあったため、一九五六（昭和三一）年には名古屋大学の航空学科として復活し、現在国産飛行機の開発に協力している。

愛知県の産業系学校は、昼間勤務する若者のために夜間授業を提供したことでも際立っていた。特に高等工業のこの面における実績には評価が必要である。同校では、一九一二（明治四五）年に工業補習学部を設けたのを手始めに、その後本科に準ずる学年制高等夜学部とし、さらに第二部に昇格させた。高工ではこれとは別に、通俗教育講演会や工業技術員講習会など、各種のエクステンション事業を催した。戦後になると、名城大学や愛知工業大学など夜間制の第二部に力を入れる大学も多い。

学校教育を地元産業界に開放する実践は、山崎延吉率いる安城農林学校が全国的に注目された。

山崎は、学校を開放して参観者を受け入れただけでなく自ら社会に打って出た。県内では、農事試験場長、農事講習所長、県農会幹事などを兼任し、巡回教師や篤農家懇談会などを通して農業の技術と精神について現地指導をした。名古屋帝国大学を創設するとき、地元民が安城農林を母体にした農学部の設置を期待したのは、学校に対するそれだけの自負があったからである。

工商連携の教育モデル

日本には産業教育の先進県がある。農業教育の長野県、工業教育の福岡県、商業教育の兵庫県はさし当たりその筆頭に挙げることができる。愛知県との比較で言えば、工業分野の福岡県と商業分野の兵庫県に注目すべきであろう。まず福岡県について見れば、北九州の工業地帯が形成され、そのエネルギー供給のため筑豊と三池の石炭生産が活況を呈するようになるとにわかに工業県に生まれ変わった。中等の工業学校が設けられ、その頂点には九州帝国大学工科大学（のち工学部）と明治専門学校が位置して研究面と技術面から指導的役割を果たした。兵庫県では、神戸の開港時から外国貿易に従事する人材の教育が始まり、多数の公私立の商業学校が設けられ、そのトップには高等商業学校が位置し商業大学に昇格するとともに県立の高等商業学校や私立の関西学院高等商業学校などが輔翼した。

愛知県の産業教育は、中等教育のレベルでは農工商がバランスよく整備されたことについては前述した。この点については、福岡県と兵庫県に比べて大差はない。ところが、両県との間に差異の見られる現象が生じた。それは愛知県では工業と商業の連携が他の二県より緊密であったことである。愛知県における商工連携の歴史は古く、戦後になっても実績を誇っているので、以下に戦前と戦後における事例校を紹介してみる。

その一は、戦前期の事例である。一八八四（明治一七）年創立の名古屋市立商業学校は、当初の計画では商工学校であったが、法令上の制約があって商業学校とした。一九三一（昭和六）年には、その商業学校の授業科目に工業大意を加えることにしたが、文部省への申請書には、「名古屋市ノ商人トシテハ特ニ工業知識ノ一般ヲ知ルヲ要スルモノト認メタルタメ」（『文部省簿書「学則規則許認可文書商業学校愛知県」』）と記している。

一九二〇（大正九）年に設置認可された名古屋高等商業学校は、市民と結び合うという教育方針のもとに独自な教育実践をした。他校に例のない学科目を導入したが、特に商工心理は生産と販売における相手の心理を読み取るために、また能率研究は生産性向上の理論と技術を習得させるために設けた。とりわけ注目すべきは、一九二四（大正一三）年に設けた商工経営科であって、実業専門学校の卒業生を入学資格として一年間商工経営の理論と方法を教え、同校の最大の特色となった。

その二は、戦後の実践例である。新制の名古屋大学経済学部には、旧高商時代の伝統が引き継がれた。経済学部は経済学科と経営学科に分けられ、経済学科の八講座の中には農業政策と商工政策の講座が含み入れられた。また、旧高商時代の能率研究工場や産業調査室は、産業調査室として再発足し、それが母体となって経済構造研究センターへと発展した。

私立大学の商工連携も活発であって、旧高商の教授、校長として活躍した国松豊は、戦後に愛知学院大学の商学部長となり、経営研究所（のち産業研究所）の創設に寄与した。その研究所では、東海地方の産業や経済の動向について調査研究を進め、『地域分析』と題する年報を刊行した。同学では、そのほか流通科学研究所、経営管理研究所など、地域の産業界との連携を進める機関を整えている。また、豊橋市にルーツをもつ愛知大学も三河地方の産業界と深いつながりを持ち、中部地方産業研究所を設け、『東三河の経済と社会』を刊行するなど地方に開かれた大学としての特色を発揮している。そのほか、愛知県には、工業系と商業系の両方の学部を併せ持つ私立大学も多い。

以上は、愛知県における工と商との連携教育の実践例であるが、日本の古来からの伝統的な基幹産業である農には、まだ目に見える教育上の実践事例には出合わない。大泉一貫の近著によれば、日本の農業は、政府も農協も農民も稲作重視の伝統思想から脱却できず、オランダやデンマークのような成熟先進型産業となり得ていないと言う（『希望の日本農業論』）。しかし、愛知県には企業としての農業経営が進行している。トヨタに代表される産業集積のノウハウは、特に三河地方の農業に影響を及ぼしている。例えば、電照菊の栽培によって菊の生産額は日本一であり、ほかにも観葉植物や洋らんなど日本一の品種は多い。農産物の生産に工業と商業が取り込まれていて、言うところの第六次産業である。

企業として先行している農業経営がどのように学校を巻き込み、両者の連携がどのように進展するかは、今後の課題のようである。工と商の連携教育において、すでに実績を収めている愛知県であるがゆえに、将来的には融合化と総合化の産業教育モデルがこの地から生み出される可能性があると考えたいし、かつ期待したい。

〈本編の主要参考文献〉

『文部省簿書』「設置廃止許認可文書」「学則規則許認可文書」（国立公文書館蔵）
文部省『実業学校一覧』大正六年度〜昭和一七年度（国立国会図書館蔵）
『愛知県教育史』第三巻（近代Ⅰ）、第四巻（近代Ⅱ）、資料編（近代Ⅰ、近代Ⅱ）、一九七三〜一九八九年
『愛知県史』資料編34（近代11教育）二〇〇四年
『愛知県戦後教育史年表』「昭和二〇〜四〇年」一九六五年、「昭和四一〜六〇年」一九八七年
吉永昭『愛知県教育史』一九八三年
塩沢君夫・斎藤勇・近藤哲生『愛知県の百年』一九九三年
愛知県公立高等学校長会『愛知県高校教育三十年』一九七八年
『愛知県学校一覧平成二十七年度』二〇一〇年
林董一『名古屋商人史』一九六六年
『市邨先生謝恩会記』一九一九年
『藪椿―市邨先生語集』一九二六年
『山崎延吉全集』全七巻、一九三五年
『我農生山崎延吉伝』一九六六年
渡辺龍聖『乾甫式辞集』一九二九年
大泉一貫『希望の日本農業論』ＮＨＫブックス、二〇一四年
『名古屋工業大学八十年史』一九八七年

『名古屋大学五十年史』「通史一、二」一九九五年、「部局史一、二」一九八九年
堀田慎一郎「名古屋高等商業学校」『名大史ブックレット10』二〇〇五年
堀田慎一郎「農学部の誕生と安城キャンパス」同右11、二〇〇六年
『豊橋技術科学大学二十年史』一九九六年
『豊田工業大学30年史』二〇一二年
『豊田工専三十年史』一九九三年
『名城大学75年史』二〇〇一年
『学校法人中部大学七十年史』一九六二年
『栗本学園五〇年史』一九八五年
『市邨学園七拾年史』一九七六年
名古屋市立名古屋商業高等学校『CA百年』一九八四年
愛知県立愛知工業高等学校『愛工創立100周年記念誌』二〇〇〇年
『安城農林百年史』二〇〇一年
『愛知県立瀬戸窯業高等学校八拾年史』一九七五年
愛知県常滑高等学校『百年のあゆみ』一九九七年

あとがき ―産業界と教育界の対話を求めて

著者は、前著『日本の産業教育―歴史からの展望』の序章を「産業教育学へのプレリュード」と題した。「産業教育学」という未だ体系化されていない世界に接近したいというのが著者の長年の夢である。本書もまた地域実態史という視座からそのことを意識して記述を進めてきた。産業界と教育界が対話と連携を深めつつ、産業の発展と人間の幸福を実現するためには、二つの世界を結び合わせる確かな理論を構築することが必要であると考えるからである。

産業教育学は職業教育学に包括される。職業と言えば、医療や法曹のような伝統的な専門職から、今日の保育や介護のような新職業までその幅は広い。産業もまた従来の農・工・商の第一次から第三次までの概念で包みきれない広領域、例えば農・工・商の合計である第六次産業までその領域を拡張している。職業教育学そのものが未だ明確な形をなしていないのに、産業に特化した教育学が果たして成立するかどうかは心許ないが、それなくしては、産業界と教育界とは永久に乖離し、戦後の教育学理論のように両者を敵対関係に捉える危険性さえも生じる。

本書において、愛知県の地域実態を探ることによって、この課題に対していくつかの示唆を得たと感じている。その要点を列挙してみると以下の七項が重要ではないかと思う。

①愛知県の高校および大学を含む産業系学校は、地域住民の主導によって生まれ支えられている。最初に誕生したのは市立商業学校であるが、地域ではCAの愛称で親しまれている。その校長市邨芳樹の功労に対して同校同窓会の商友会では市民にも呼びかけて巨額の頌徳金を贈った。市邨はそれをもとでに、日本最初の女子商業学校を設け、その後さらに第二の女子商を加えた。帝国大学の創設は一番遅れたけれども、それも政府の施策というよりも地元の熱意が実を結んだものである。

②愛知県の産業系学校は、地域住民によって好感をもって評価され選択された。愛知県民は他の都道府県民のように中学校や高等女学校を優越させる意識は弱く、むしろ職業に直結する実業学校の存在価値を認めて入学を志願した。今日でも、工と商の職業高校の卒業生数は全国一位であり、農は北海道に及ばないものの全国二位である。

③愛知県の高校卒業生の地元定着率は全国一位である。高校卒業後就職した者、あるいは地元の国立・私立大学に進学した者は、県外に出るよりも地元を離れずに生活していて、その定着比率が全国一位ということになる。一旦県外の大学に進学しても就職は郷里を選ぶ者もその中に含まれる。県内にそれだけ良質の魅力ある就職先が存在することも一因であろうが、若者が地元の

産業界に入ることを希望する、いわゆる愛郷心も手伝っていると思われる。

④愛知県では、戦前期から産業教育について思想と信念をもった教育家がいて、学校経営に力を尽くして特色ある学校づくりをした。上述の市邨芳樹もその一人である。それとともに企業の側にも、人づくりの重要性を認識しそのための努力をした創業者や経営者がいた。豊田佐吉とその子息喜一郎はその代表格である。

⑤愛知県の産業系学校は、結果的には、地域社会の産業発展に寄与して、地域の行政や住民の期待にこたえた。ゴキソの県立工業と官立高等工業はその代表例である。産業立県としての愛知県の今日あるは、その産業教育の成果と見てよいであろう。ゴキソの高等工業は戦後の改革によって名古屋工業大学となったが、最近の『朝日新聞デジタル』を見れば、「中京地域の産業界を支える実践的工学エリートの養成」というモットーを掲げている。名古屋大学は、医歯系、法文系など多彩な学部をもつ総合大学であるため、「知を創造し、人類の幸福に貢献する、世界屈指の研究大学」を目ざしているものの、理工系のノーベル賞学者を多数輩出していることからも分かるように、社会イノベーションに寄与している。いずれも上記デジタルの大見出しである。

⑥愛知県の産業界も学校に対して積極的に接近している。戦前期の工業や農業の学校には新しい知識や技術を求める産業人が指導を仰いだし、学校の側もこれに呼応した。戦後になると、中卒採用者を企業内で訓練するだけではなく定時制高校へ通学させる便宜を図る企業も多く出た。

その後技術革新が進むと、産業界の技術者と大学の研究者との共同研究によって、企業に必要な技術開発が成果を収めている。

⑦愛知県には、産業系の学部や学科をもつ私立大学の多いことも特色である。その中には地域との連携に力を入れているところも多い。例えば、前出の『朝日新聞デジタル』によれば、中部大学の「深まる地域との連携」、愛知大学の「知識を力に変える産学官連携のキャリアプログラム」、名城大学の「地域社会の発展に貢献し学生の実践力を高める自治体や企業との連携型学習」といった小見出しが目につく。東京や関西の有名私立大学が全国区を目ざしているのとは対照的である。愛知県の地域型私立大学は、地域の高校生にとっても魅力あるものとなっている。

総じて、愛知県の産業教育が、著者の課題とする産業教育学にとって重要と思われる最大のポイントは、産業と教育の「交差的連結」である。一般的に言えば、教育界の中核である「学校」は、知・徳・体の総合的な人間教育の場であり、産業界の中核である「企業」は企業にとって必要な知識や技術を身につけさせる訓練の場である。この二つの世界は、これまでの人間教育論でも職業訓練論でも、ともすれば並列または重層の構造として捉える傾向があった。学校での教育を卒業すると、企業の面接を受けて就職し、そこでまずは初任者としての研修から始まり熟練者となる訓練と経験を積み企業にとって役立つ人材となる、というのである。

この並列構造の考え方に固執すると、学校と企業は隔離する。学校は憲法に定める「教育を受ける権利」を拠り所にして、できるだけ長期間にわたり平等の教育を受けさせることになればその教育は普通教育が中心になり、いきおい職業関係教科は軽視されることになる。その考えは大学にまで及び、共通の教養教育重視論となる。他方、産業界は企業に役立つ職業技術訓練を自前で行うことになれば、学校教育への期待は薄く、学校の偏差値を目安にして企業に役立ちそうな人物を採用して、入社後に鍛えればよいと考えがちになる。

しかし、このような学校教育観や企業訓練観から脱却することなしには産業教育論は成立しない。二つの世界を交差させるためには、その中間に「仕事（work）」という思想を入れ込んだら如何であろうか、というのが著者の主張である。仕事を愛し、仕事に励み、仕事を通して人生を完うするという共通目標のもとでは、学校も企業も連携できるはずである。

そのためには、現今の学校における教育の考え方を変える必要がある。学校のない時代の日本の若者は、仕事を身につけて一人前になるために諸種の方法で努力した。近代学校ができると学校は学力形成の場となったが、戦前の日本の学校は、特に実業系の学校は仕事への準備をさせたし、最高学府である大学でも、医学、法学、工学などは仕事のための専門職教育をした。ところが今日、ＯＥＣＤ（経済協力開発機構）加盟国の中で、日本の学校は最も職業世界への対応が貧弱である、という報告が出ている。中学校まではまだしも、高等学校もその延長線上にあり、農・

工・商・水産などの産業系高校生の比率は全国的に見ればすでに一五％を割り込んでいる。

学校教育学の基礎となる教育学は、本来職業教育を排除するものではなかった。ルソーやフンボルトやシュプランガーやデューイなど名だたる教育学者や教育家は、教育という営為の中に職業陶冶に重要な位置を与え、それを人間の最後の教育と位置づける者もいたが、戦後の日本の教育学はそのことを軽視した。学歴社会の中では、有名校の卒業者が成功者とされたため、仕事への心構えも、覚悟も、努力もせずにまんぜんと大学を卒業して世に出る若者が増え、中にはニートになったり、転職や退職を繰り返す者も現れる。

いっぽう、戦前の日本企業は、グンゼの波多野鶴吉や鐘紡の武藤山治のような、人間の精神面に意を用いた実業家はいたけれども、それは例外的であって、多くは企業の利益を優先させた。特定の技能を身につけさせて、同一の作業を昼夜別なく長時間継続させることによって収益をあげた。技能的労働力の確保が目的であって、極端な場合には繊維女工のいわゆる女工哀史のような由々しき事態を招いた。働き方改革を国策とする今日の日本では企業もまた大きく変容する必要がある。

そのためには、企業内の訓練組織だけでなく、学校教育への接近を図る必要がある。学校の果たすべき、基礎教育、教養教育、技術教育、道徳教育といった、総合的人間教育の内容や方法を企業訓練の中に取り込む諸種の工夫が必要である。学校の行う公開講座に出席させたり、学校から講師を招いたりするのも一策である。企業の負担で一定日数学校に通わせるという、ドイツやフランスに先例のあるデュアル・システムの採用も考えられる。さらに、高度な科学技術の仕事では、学理と実地の結合という観点から学校と企業との密接な連携が必要であり、それより一歩進んで企業が学校形式の技術開発を行うこともあり得る。愛知県で言えば、豊橋技術科学大学は前者の、豊田工業大学は後者の事例である。

人間を仕事人として育てることを学校も企業も共通目標にするならば、学校は、各人の個性と適性に即した仕事へと誘導し、準備をさせ、企業は、仕事に習熟させ、大成させるという役割を果たすべきだ、ということになる。人間は、仕事を通して、精神的、経済的に自立し、人間としての生き甲斐や誇りや尊厳が生まれる。そのことは、産業系の仕事だけでなく、より広くあらゆる職業の仕事にも適用される。よき人間は、よき職業人であり、よき職業人は、よき仕事人だからである。

ふ
福沢諭吉　14
福沢桃介　168
藤村義苗　104
ブロックホイス　23
フンボルト　198

ほ
ホイットニー　23
細谷俊夫　153
堀栄二　129, 130

ま
牧野伸顕　31, 95
槇村正直　20
益川敏英　150
益田孝　24
松井茂　57, 98, 130, 131
松岡音吉　75
マッカーサー　49, 140
松田力熊　37
松野礀　37
的場中　41
真野文二　19, 114

み
三浦孝平　169
宮崎安貞　13

む
武藤山治　198

も
森有礼　22, 23, 29

や
安川敬一郎　40, 156, 160
矢野二郎　22-24, 57, 77, 78, 104
山尾庸三　18, 27
山川健次郎　40
山崎延吉　26, 77, 82-85, 94, 112, 113, 122, 124, 134, 149, 151, 186
山崎正董　93

よ
横井時敬　24-26
吉田松陰　27

ら
ライカー　72
ラグーザ　108
ランキン　18

り
李参平　65

る
ルソー　198

わ
ワグネル　19-21, 65, 110
渡辺崋山　66
渡辺龍聖　77, 86-90, 99, 100, 153, 172, 173

さ
酒井田柿右衛門　65
阪田貞一　45
佐藤喜太郎　124
佐野善作　32
佐野常民　20
沢村真　25

し
柴田才一郎　5, 22, 56, 75, 77, 80-82, 94, 95, 106, 117, 149
渋沢栄一　24, 27, 31, 43, 58, 104, 205
下瀬雅允　43
下村脩　150
シュブランガー　198
東海林力蔵　41
ジョンソン　140-143, 145, 184

す
スタッペン　23
スペンサー　53
スマイルズ　67

た
ダイアー　18-21, 30, 53
武田斐三郎　18
田中広太郎　93, 150
田中壽一　165, 166

つ
津田仙　13

て
テーラー　88
手島精一　21, 22, 31, 80
デューイ　198
寺内信一　66, 108, 111
寺田勇吉　33

と
徳川家康　61
徳川義直　62, 69
富田鉄之助　22
豊田佐吉　67, 69-73, 82, 161, 163, 195
豊田喜一郎　72, 161, 195
豊田利三郎　141, 144
豊臣秀吉　61

な
内藤陽三　66, 108
永井道雄　158
中内功　160
長尾不二夫　162
中沢岩太　20
中橋徳五郎　46

に
二宮尊徳　16

の
納富介次郎　20, 36, 65, 110
野依良治　150

は
ハクスリー　53
波多野鶴吉　198
林遠理　24
林董一　69
速水融　16

ひ
平塚らいてう　68

人名索引

あ

青柳秀夫 145
赤崎勇 150
赤松要 89
秋元照夫 153
天野浩 150

い

石田梅岩 16
市川房枝 67, 68
市郵芳樹 5, 24, 57, 77–80, 94, 129, 131, 132, 143, 149, 175, 182, 194, 195
伊藤次郎左衛門 149
伊藤博文 29, 33
井上毅 32–34
井原西鶴 15

う

ヴェルニー 18
梅村清光 171

え

榎本武揚 25
袁世凱 86
遠藤安太郎 126

お

大泉一貫 189
大隈重信 28, 31
大蔵永常 66
大島高任 18
大見為次郎 151
岡田良平 81
沖守国 81, 106, 112
奥田栄二 162, 163
小田堅立 37, 38
織田信長 61
オブライエン 141

か

貝原益軒 13
臥雲辰致 67
嘉悦孝子 132
加藤完治 85, 113
加藤五助 66
加藤民吉 64, 65
川端玉三郎 133

き

北村弥一郎 109
木戸孝允 28
木下広次 45

く

草場栄喜 41
国松豊 88–90, 173, 189
熊谷八十三 112, 113
クラーク 42
クライン 174
栗本裕一 172
黒田政憲 109, 111

こ

古賀行義 89
後藤喬三郎 167
小林誠 150
小松原英太郎 86
近藤基樹 43

［著者略歴］
三好 信浩（みよし・のぶひろ）
1932年、大分県日田市生まれ。
広島大学大学院教育学研究科博士課程修了、教育学博士。
広島大学教授、比治山大学学長などを経て、現在、両大学の名誉教授。
単著に、『増補 日本工業教育成立史の研究』『増補 日本農業教育成立史の研究』『増補 日本商業教育成立史の研究』『近代日本産業啓蒙書の研究』『近代日本産業啓蒙家の研究』『手島精一と日本工業教育発達史』『横井時敬と日本農業教育発達史』『渋沢栄一と日本商業教育発達史』『日本工業教育発達史の研究』『日本農業教育発達史の研究』『日本商業教育発達史の研究』『日本女子産業教育史の研究』『産業教育地域実態史の研究』（以上の13部作、風間書房）、『イギリス公教育の歴史的構造』『イギリス労働党公教育政策史』（以上2部作、亜紀書房）、『教師教育の成立と発展』『日本師範教育史の構造』（以上2部作、東洋館出版社）、『日本教育の開国』『ダイアーの日本』（以上2部作、福村出版）、『明治のエンジニア教育』（中公新書）、『商売往来の世界』（NHKブックス）、『日本の女性と産業教育』（東信堂）、『私の万時簿』（風間書房）、『納富介次郎』（佐賀城本丸歴史館）、『日本の産業教育』（名古屋大学出版会）、『現代に生きる大蔵永常』（農文協）、*Henry Dyer - Pioneer of Engineering Education in Japan* (Global Orientatal), および *Collected Writings of Henry Dyer* (全5巻 Edition Synapse および Global Oriental) ほか。

装幀◎澤口　環

愛知の産業教育　産業立県の教育モデル

2018年7月30日　第1刷発行　（定価はカバーに表示してあります）

著　者　　三好 信浩
発行者　　山口　　章

発行所　名古屋市中区大須 1-16-29
振替 00880-5-5616 電話 052-218-7808　風媒社
http://www.fubaisha.com/

＊印刷・製本／モリモト印刷　乱丁本・落丁本はお取り替えいたします。
ISBN978-4-8331-1546-9